覚せい剤犯罪捜査実務ハンドブック

内藤　惣一郎
白井　　美果 編著
奥村　　寿行

立花書房

本書は，時々・情勢の必要に応じ，内容を変更・追加する場合があります。

はしがき

　本書は，昭和58年に初版が刊行された「覚せい剤犯罪の捜査実務101問」（松田昇等共著）をベースにしているものである。
　同書は第一線で覚醒剤犯罪の取締りに従事されている取締官の方々を対象として，覚醒剤に関する基礎知識，覚せい剤取締法等関係法令の解釈及び同犯罪の捜査についての基本的な考え方や留意事項についてまとめられたものである。その後，同書は，新たな裁判例等を可能な限りフォローするとともに，内容全体の刷新を重ね，平成19年に「覚せい剤犯罪の捜査実務101問〔改訂〕」（松田昇等共著）として刊行された。

　本書は，前回の改訂から10年余りが経過し，この間，覚せい剤取締法違反事犯に係る実務上参考となる裁判例等が集積されたことから，これらの裁判例等について可能な限りフォローするとともに，取締官がより利用しやすい概説書を目指して旧版をリニューアルし，「覚せい剤犯罪捜査実務ハンドブック」と改題して刊行することとした。

　本書の構成については，形式面において，これまで縦書きであったものを横書きにしたほか，一問一答形式により分かりやすく簡潔な解説を試みることを維持しつつ，各問の中で解説事項を示す小見出しを設けるなどの工夫をした。
　また，内容については，実務上参考となる新たな裁判例等を紹介したほか，既存の内容についても若干補正しているものの，基本的には旧版の記述をそのまま本書でも用いさせていただいている。
　なお本書は，私が法務省刑事局公安課長在職当時に，同課局付（当時）検事奥村寿行において執筆したものに，私や同課参事官白井美果が適宜加筆調整したものである。もとより本書中意見にわたる部分は，執筆者の私見である。

また，本書は，覚せい剤取締法等関係法令の解釈及び同犯罪の捜査についての基本的な考え方や留意事項をまとめたものであることから，事案によっては，各条文のコンメンタールやより詳細な判例解説に当たる必要があることに留意していただきたい。

　最後に，本書が，旧版同様に，第一線捜査官の皆様にとって執務上の参考になれば幸いである。

　平成30年8月

法務省刑事局公安課長
内藤　惣一郎

凡　例

〈法令表記〉

覚せい剤	覚せい剤取締法
麻　薬	麻薬及び向精神薬取締法
麻薬施行令	麻薬及び向精神薬取締施行令
麻薬特	麻薬特例法
あへん	あへん法
大　麻	大麻取締法
憲	憲法
刑	刑法
刑　訴	刑事訴訟法
刑訴規	刑事訴訟規則
警　職	警察官職務執行法
医　薬	医薬品，医療機器等の品質，有効性及び安全性の確保等に関する法律
医療観察	心神喪失者等医療観察法
入　管	出入国管理及び難民認定法
関　税	関税法
関税定率	関税定率法

〈判例表記〉

判例の表記については，以下のような略記を用いるなど，大方の慣例によった。

最決昭54・3・27（刑集33・2・140）
　＝最高裁判所決定昭和54年3月27日最高裁判所刑事判例集10巻6号830頁

仙台高秋田支判昭56・11・17（判時 1027・35）
　＝仙台高等裁判所秋田支部判決昭和56年11月17日判例時報1027号35頁

〈判例集・雑誌等略語表記〉

刑　　録	大審院刑事判決録
刑　　集	大審院刑事判例集，最高裁判所刑事判例集
裁判集刑事	最高裁判所裁判集刑事
高刑集	高等裁判所刑事判例集
高判特	高等裁判所刑事判決特報
高裁特	高等裁判所刑事裁判特報
新　　聞	法律新聞
下刑集	下級裁判所刑事裁判例集
刑　　月	刑事裁判月報
東高時報	東京高等裁判所刑事判決時報
家　　月	家庭裁判月報
高刑速	高等裁判所刑事裁判速報集
東京速報	東京高等裁判所刑事裁判速報
大阪速報	大阪高等裁判所刑事裁判速報
名古屋速報	名古屋高等裁判所刑事判決速報

広島速報	広島高等裁判所刑事判決速報
高松速報	高松高等裁判所刑事判決速報
福岡速報	福岡高等裁判所刑事判決速報
仙台速報	仙台高等裁判所刑事判決要旨速報
札幌要旨集	札幌高等裁判所刑事判決要旨集
判　時	判例時報
判　タ	判例タイムズ
未登載	判例集・公刊物未登載

目 次

はしがき
凡 例

第1章 総 論

1 覚せい剤取締法の制定及び改正経緯 …………… 1
覚せい剤取締法の制定及び改正経緯はどうか。

2 覚せい剤取締法の目的 …………………………… 3
覚せい剤取締法の目的は何か。

3 いわゆる麻薬二法の内容 ………………………… 4
平成3年成立のいわゆる麻薬二法の内容はどんなものなのか。

4 覚醒剤の意義(その1 定義) …………………… 6
覚醒剤とはどのようなものをいうのか。

5 覚醒剤の意義(その2 純度) …………………… 8
覚せい剤取締法にいう「覚せい剤」は,純粋なものに限られるか。

| 6　覚醒剤の薬理作用 ……………………………………… 9

　覚醒剤を濫用するとどのような状態になるか。

| 7　覚醒剤の鑑定方法 ……………………………………… 11

　覚醒剤かどうかの鑑定はどのようにして行うのか。

| 8　覚醒剤の予試験 ………………………………………… 13

　覚醒剤の予試験とはどういうことか。

| 9　覚醒剤犯罪の国外犯処罰規定と「みだりに」の意義 ………… 15

　覚醒剤犯罪は国外犯を処罰できるか，また「みだりに」とはどのような意味か。

| 10　法定の除外事由がないことの立証方法 …………………… 16

　「法定の除外事由」がないことは，どのように立証するか。

| 11　覚醒剤犯罪の立証と鑑定 ……………………………… 18

　覚醒剤犯罪を立証するためには，押収した物件全てについて鑑定等の科学的検査を行わなくてはならないか。

| 12　錯誤と覚醒剤犯罪の成否 ……………………………… 20

　行為者に錯誤があった場合はどうか。

目次 11

|13| 覚醒剤以外の物を覚醒剤であると認識して輸入等する行為と犯罪の成否 …………………………………………… 22

> 覚醒剤以外の物を覚醒剤であると思って輸入，輸出，譲渡し，譲受け，又は所持した場合の擬律はどうなるか。

|14| 覚醒剤犯罪が成立するために必要な覚醒剤であることの認識の程度 ……………………………………………………… 24

> 覚せい剤取締法違反が成立するためには，覚醒剤であることの認識がどの程度必要か。

|15| 塩酸エフェドリンが覚醒剤原料であることを知らなかった旨の弁解と故意の成否 ………………………………… 25

> 塩酸エフェドリンが覚せい剤取締法にいう覚醒剤原料であることを知らなかったと弁解をした場合はどうなるか。

|16| 覚醒剤中毒者を発見した場合の措置 ……………………… 27

> 覚醒剤中毒者を発見した場合どうしたらよいのか。

第2章 製造罪

17 製造罪における実行の着手時期 …………………………… 29

> 覚醒剤製造罪の実行の着手があったと認められるのはどの程度の行為があったときか。

18 製造罪の未遂・不能犯 …………………………………… 30

> 覚醒剤の製造を始めたが，製造に必要なある薬品が必要量以下であったため，完成品を作ることができなかった場合は，不能犯か。触媒として必要不可欠な薬品を欠いたまま製造行為を開始した場合はどうか。

19 製造罪と他罪との関係 …………………………………… 32

> 覚醒剤を製造するため，覚醒剤原料である塩酸エフェドリンを入手し，これを原料として覚醒剤を製造し，これを譲渡した。この場合，覚醒剤製造罪のほかにどのような罪が成立し，その罪数関係はどうなるか。

20 製造の予備の意義 ………………………………………… 34

> 覚醒剤製造の「予備」とはどういうことか。

21 製造罪と資金等提供罪との関係 ………………………… 36

> 覚醒剤製造罪と資金等提供罪とはどのような関係にあるか。

第3章　輸入罪

22 輸入罪が特に重く処罰される理由 ……………………… 39

> 覚醒剤の輸入はなぜ重く処罰されるのか。麻薬の場合と比べてどうか。

23 輸入の意義と輸入罪の既遂時期 ………………………… 41

> 覚醒剤の輸入とはどのような行為をいうのか。既遂時期をめぐってどのような見解があるか。

24 船舶による輸入罪の既遂時期 …………………………… 42

> 船舶による輸入罪の既遂時期をどう考えたらよいか。

25 航空機による輸入罪の既遂時期 ………………………… 44

> 航空機による輸入罪の既遂時期をどう考えたらよいか。

26 保税地域への陸揚げと輸入罪の成否 …………………… 46

> 覚醒剤を保税地域からさらに、我が国内へ引き取る意図が最初からない場合でも、保税地域への陸揚げ（搬入）をもって、覚せい剤取締法上の輸入罪は成立するか。

27 覚醒剤を持って出国し，それを持ち帰った場合の輸入罪の成否 … 47
> 覚醒剤を携帯所持して出国し，それを再び我が国に持ち帰った場合でも，覚せい剤取締法上の輸入罪は成立するか。

28 輸入罪の未遂と予備 ………………………………………… 49
> 輸入罪の未遂や予備はどのような場合に成立するか。

29 輸入に伴う関税法上の犯罪 ………………………………… 51
> 覚醒剤を密輸入した場合に，関税法上どのような犯罪が成立するか。

30 輸入罪と共謀共同正犯 ……………………………………… 53
> 輸入罪について共謀共同正犯が認められるのはどのような場合か。

31 輸入罪等と資金等提供罪との関係 ………………………… 55
> 輸入罪等と資金等提供罪との関係はどうか。

32 運び屋等が覚醒剤不知と弁解した場合の立証方法 ……… 57
> 覚醒剤の運び屋等が，「覚醒剤であることを知らなかった」旨弁解した場合の立証をどうするか。

33 回収措置に関する経験則 …………………………………… 59
> 携行輸入型の覚醒剤密輸入事案における「回収措置に関する経験則」とは何か。

第4章　譲渡・譲受罪

34　「譲渡し」及び「譲受け」の意義 …………………………… 64
覚醒剤の「譲渡し」,「譲受け」とはどのような行為をいうのか。

35　「譲渡し」の具体的事例 …………………………………… 66
覚醒剤の「譲渡し」に当たるのはどのような場合か。

36　共謀して覚醒剤の密売を行った者の間の授受と「譲渡し」…… 67
共謀して覚醒剤を購入した上,これを密売した者の間における覚醒剤の授受は「譲渡し」に当たるか。

37　譲渡・譲受罪の構成要件 ………………………………… 69
覚醒剤譲渡罪が成立するためには譲受罪が成立することを要するか。

38　譲渡・譲受罪の未遂 ……………………………………… 71
覚醒剤譲渡・譲受の未遂罪の要件は何か。

39　譲渡・譲受罪の実行の着手が認められた具体的事例 ………… 72
覚醒剤譲渡・譲受罪の実行の着手があったと認められるのはどの程度の行為があったときか。

40 覚醒剤取引に介在した者の刑責 ………………… 74
覚醒剤の取引に介在した者の刑責はどうなのか。

41 取引介在者と譲受罪及び譲渡罪の単独正犯の成否 …… 76
覚醒剤取引に介在した者に，覚醒剤譲受罪及び譲渡罪の単独正犯の成立が認められるのはどのような場合か。

42 取引介在者と譲渡罪及び譲受罪の共同正犯又は幇助犯の成否 …… 78
覚醒剤取引に介在した者に，覚醒剤譲渡（譲受）罪の共同正犯又は幇助犯の成立が認められるのはどのような場合か。

43 「周旋」の意義 ………………………………… 79
覚醒剤の譲渡しと譲受けの「周旋」とはどんな行為か。

44 同一人間における数個の譲渡と罪数 ………………… 81
同一人との間で数回にわたって覚醒剤が譲渡された場合の罪数はどうか。

45 譲受罪と譲渡罪の関係 ………………………… 82
覚醒剤を譲り受けた上これを譲り渡した場合，譲受罪と譲渡罪の関係はどうか。

46 譲受罪と所持罪の関係 ………………………… 84
譲り受けた覚醒剤を引き続いて所持していた場合，別個に所持罪が成立するか。

| 47 | 継続して数回にわたり覚醒剤を譲り渡す行為と自白の補強証拠 …………………………………………………… 86 |

> 同一人に対し継続して数回にわたり覚醒剤を譲り渡した場合，各行為について自白の補強証拠が必要か。

| 48 | 譲渡・譲受罪の対象物が押収されていない場合の覚醒剤であることの立証方法 ………………………………… 88 |

> 譲渡し・譲受けの対象物が押収されていない場合において，対象物が覚醒剤であることの立証はどのような方法で行うか。

| 49 | 一対一の取引の捜査，公判上の問題点 …………………… 89 |

> いわゆる一対一の取引の場合，どのような問題があるか。

第5章 所持罪

50 所持の意義 …………………………………… 92
> 覚醒剤の所持とはどのような行為か。

51 所持罪における「みだりに」の意義 …………… 94
> 覚醒剤所持罪における「みだりに」とは何か。

52 隠匿覚醒剤に対する留置期間中の所持 ………… 95
> 覚醒剤を隠匿後逮捕されたが，警察で留置されている期間の所持関係はどうなるか。

53 覚醒剤が微量である場合の所持罪の成否 ……… 97
> 覚醒剤が微量であっても所持罪が成立するか。

54 所持罪の故意 …………………………………… 99
> 積極的に覚醒剤を保管する意思等がなかった場合でも，所持罪は成立するか。

55 他人を介した場合の所持 ……………………… 101
> 覚醒剤を他人に預けた場合にも所持は認められるか。

目次 19

56 共同所持の具体例 ………………………………… 102

覚醒剤の共同所持が成立するのはどのような場合か。

57 所持罪の幇助犯の具体的事例 ………………………… 104

所持罪の幇助犯が成立するのはどのような場合か。

58 所持の個数 ………………………………………… 106

所持の個数の判断をどうするか。

59 所持罪と他罪との関係 ……………………………… 108

覚醒剤の所持罪と他罪との関係はどうなるか。

第6章　使用罪

60　「使用」の意義と使用罪の構成要件 ……………………… 110

覚醒剤の「使用」とは，どのような行為をいうのか。また，この「使用」罪の成立要件はどのようなものか。

61　使用の方法 ………………………………………………… 111

覚醒剤の「使用」にはどのような方法があるか。

62　馬に注射する行為と使用罪の成否 ……………………… 113

覚醒剤を馬に注射しても「使用」に当たるか。

63　他人の身体に注射した場合の刑責 ……………………… 115

他人の身体に覚醒剤を注射した場合には，何罪が成立するか。

64　使用罪における実行の着手時期及び所持罪と使用罪との関係 … 117

覚醒剤「使用」罪の実行の着手時期はいつか。また，覚醒剤の所持罪と使用罪との関係はどうなるか。

65　覚醒剤の体内残留期間 …………………………………… 119

覚醒剤の体内残留期間はどのくらいか。

66　採尿の際の留意事項 …………………………………………… 121
採尿の際の留意事項は何か。

67　強制採尿の際の留意事項 ………………………………………… 123
強制採尿の際の留意事項は何か。

68　強制採尿に伴う問題点 …………………………………………… 124
強制採尿に伴いどのような問題があり得るか（錯乱状態に陥った者に対する強制採尿は可能か，強制採尿令状により採尿場所まで被疑者を連行することは可能か）。

69　職務質問後，強制採尿令状の発付を受けての執行の留意点 … 125
職務質問後，強制採尿令状の発付を受けて執行するに当たり，どのような点に留意したらよいか。

70　使用罪における弁解事例 ………………………………………… 132
覚醒剤の使用罪についての弁解事例にはどのようなものがあるか。

71　否認事件（その1　問題の所在）……………………………… 134
尿の鑑定の結果覚醒剤が検出されたにもかかわらず，覚醒剤の使用を否認している場合に，その使用の日時，場所及び方法をどのようにして，どの程度明らかにすればよいか。　　　　　　　　　　（その1　問題の所在について）

| 72 | 否認事件（その2　使用日時，場所及び方法の特定）………… 136

> 尿の鑑定の結果覚醒剤が検出されたにもかかわらず，覚醒剤の使用を否認している場合に，その使用の日時，場所及び方法をどのようにして，どの程度明らかにすればよいか。　　　（その2　使用の日時・場所・方法の特定について）

| 73 | より幅のある記載への訴因変更の可否 ……………………… 138

> 覚醒剤使用の日時，場所及び方法に関する訴因の記載をより幅のある記載に変える訴因変更は許されるか。

| 74 | 同一人による回数の使用と罪数 ……………………………… 139

> 同一人が数回にわたって覚醒剤を使用した場合の罪数はどうか。

第7章　営利目的加重規定

75　営利目的加重規定を積極的に活用することの必要性 ………… 142

> 営利目的事犯に対して営利目的加重処罰規定を積極的に活用することはなぜ必要か。

76　「営利の目的」の意義 ………………………………………… 144

> 「営利目的」の意義は何か。

77　「他人に利得させる目的」と営利の目的 …………………… 145

> 「他人に利得させる目的」は営利の目的に該当するか。

78　罰金併科の要件である「情状により」の意義 ……………… 147

> 罰金刑併科の要件である「情状により」の意義は何か。

第8章　捜査手続等

79　捜査の意義，方法及びその適法性確保の重要性 ……………… 150

> 捜査の意義，方法及びその適法性確保の重要性はどうか。

80　捜査の適法性を確保するための一般的留意点（その1　強制捜査）
………………………………………………………………… 152

> 捜査の適法性を確保するためには，一般にどのような点に留意したらよいか。　　　　　　　　　　　　　　　（その1　強制捜査について）

81　捜査の適法性を確保するための一般的留意点（その2　任意捜査）
………………………………………………………………… 153

> 捜査の適法性を確保するためには，一般にどのような点に留意したらよいか。　　　　　　　　　　　　　　　（その2　任意捜査について）

82　違法な捜査の及ぼす影響（その1　逮捕・勾留への影響）…… 155

> 捜査に違法があった場合，それがその後の捜査，公判にどのような影響を及ぼすか。　　　　　　　　（その1　逮捕・勾留への影響について）

83　違法な捜査の及ぼす影響（その2　証拠能力への影響）……… 157

> 捜査に違法があった場合，それがその後の捜査，公判にどのような影響を及ぼすか。　　　　　　　　（その2　証拠能力への影響について）

84　職務質問の意義，付随行為及び許容範囲 ………………… 159
　職務質問を適法に行うためには，どのような点に留意したらよいか。

85　職務質問に伴う停止行為の意義と許容範囲 ………………… 160
　職務質問を行うために停止させる際，どの程度の実力行使が許容されるか。

86　適法な任意同行を行うための留意点 ………………………… 163
　任意同行を適法に行うためには，どのような点に留意したらよいか。

87　所持品検査の許容範囲 ………………………………………… 164
　所持品検査を適法に行うためには，どのような点に留意したらよいか。

88　令状によらない捜索・差押えの留意点（その1　時間的許容範囲）… 166
　令状によらない捜索・差押えを適法に行うには，どのような点に留意すればよいか。　　　　　　　　　　　　（その1　時間的許容範囲について）

89　令状によらない捜索・差押えの留意点（その2　場所的許容範囲）… 168
　令状によらない捜索・差押えを適法に行うには，どのような点に留意したらよいか。　　　　　　　　　　　（その2　場所的許容範囲について）

90 令状による捜索・差押えを行うための留意点（その1 差押対象物） ………………………………………… 169

> 令状による捜索・差押えを適法に行うためには，どのような点に留意したらよいか。　　　　　　　　　　（その1　差押対象物について）

91 令状による捜索・差押えを行うための留意点（その2 捜索対象場所） ………………………………………… 172

> 令状による捜索・差押えを適法に行うためには，どのような点に留意したらよいか。　　　　　　　　　　（その2　捜索対象場所について）

92 場所に対する捜索令状による当該場所に居合わせた者に対する捜索の可否 ………………………………… 173

> 場所に対する捜索令状によりその場に居合わせた者に対して捜索することができるか。

93 別件の捜索中，覚醒剤犯罪に関する証拠を発見した場合の留意点 … 175

> 別件捜索・差押え中に覚醒剤事犯に関する証拠を発見，押収する場合においてこれを適法に行うには，どのような点に留意したらよいか。

94 おとり捜査の意義 ……………………………………………… 176

> おとり捜査とはどのような捜査方法をいうのか。

目次 27

95 コントロールド・デリバリーの意義 …………………………… 178

> コントロールド・デリバリーとはどのような捜査手法か。

96 覚醒剤を押収できなかった場合の立証方法（その1）……… 180

> 覚醒剤犯罪を捜査したが，覚醒剤を押収することができなかった場合に，当該違反物件が覚醒剤であったことを立証する方法があるか。

97 覚醒剤を押収できなかった場合の立証方法（その2）……… 182

> 犯罪事実の一部についてこれを裏付ける覚醒剤を押収したが，その他の犯罪事実を裏付ける覚醒剤を押収できなかった場合に，覚醒剤であることの立証をどうするか。

98 覚醒剤を押収できなかった場合の立証方法（その3）……… 183

> 犯罪事実についてこれを裏付ける覚醒剤は存在しないが，覚醒剤が存在したことを推認させる科学的証拠が存在する場合に，覚醒剤であることを立証するにはどうするか。

99 覚醒剤を押収できなかった場合の立証方法（その4）……… 185

> 犯罪事実についてこれを裏付ける覚醒剤及びその存在を推認させる科学的証拠を押収できなかった場合に，覚醒剤であることの立証をどうするか。

100 覚醒剤であることの認識を有していたことの立証 …………… 187

> 被疑者が覚醒剤であることを知らなかったと弁解することがあるが，このような場合どのような捜査をすべきか。

| 101 | 覚醒剤の譲渡代金等の没収等 ………………………………… 189

覚醒剤の譲渡代金等の没収等はどうなっているか。

| 102 | 担保物権が設定されている不動産等の没収 …………………… 191

抵当権等の担保物権あるいは地上権等の制限物権が設定されている不動産，質権の設定されている債権等を没収することができるか。没収できるとしても，担保物権が実行されたりすると没収の実質的意味がなくなるのではないか。

| 103 | 覚醒剤の運搬の用に供した車両等の没収 ……………………… 192

覚醒剤の運搬の用に供した車両等を没収することができるか。

第1章　総　論

1　覚せい剤取締法の制定及び改正経緯

> 覚せい剤取締法の制定及び改正経緯はどうか。

〔関係条文〕覚せい剤1条，3条，13条，41条等

1　制定の経緯

　覚せい剤取締法は，昭和26年6月30日公布されて，同年7月30日から施行されたものである。
　従来，覚醒剤は，薬事法により製造制限及び譲渡制限等の規制がなされていたが，覚醒剤の濫用が増加し，殊に青少年の心身の障害や犯罪誘発の面において看過し難いものがあったことから，覚醒剤の濫用と不正取引を防止するため，当時の麻薬取締法にならい，輸入を禁止するとともに，製造業者，施用機関及び研究者について指定制をとることとし，その他の一般人による覚醒剤の製造，所持，譲渡し，譲受け及び使用を禁止すること等として，本法が制定されたものである。

2　改正の経緯

　本法は，その後，数次にわたり改正がなされたが，その主なものは次のとおりである。

(1) 昭和29年（法律第177号）の改正

　　覚醒剤の密造，密売等の事犯が急増し，覚醒剤の濫用とその弊害が増加の傾向にあることから，本法の適用を受ける覚醒剤の範囲を拡張等するほか，罰則を強化することとし，覚醒剤の輸入，製造，所持，譲渡し，譲受け及び使用の規定に違反した者に対する法定刑を引き上げるとともに，営利目的又は常習として，これらの規定の違反行為をした者に対する加重処罰規定を置くこととされた。

(2) 昭和30年（法律第171号）の改正

　　覚醒剤濫用の弊害に鑑み，覚醒剤の密造を防止するため，覚醒剤原料に対する規制を行い，指定を受けた者等を除き，一般人による覚醒剤原料の輸入，製造，所持，譲渡し，譲受け，使用を禁止等するとともに，従来の罰則の一部を強化することとされた。

(3) 昭和48年（法律第114号）の改正

　　覚醒剤事犯の増加及び悪質化の傾向に鑑み，覚醒剤原料の取扱い等に関する規制を強化するとともに，罰則の法定刑を大幅に引き上げる等して，罰則の整備・強化を行うこととされた。

(4) 平成2年（法律第33号）の改正

　　1971年の「向精神薬に関する条約」を批准するために必要な改正を行うとともに，罰則の罰金額を引き上げる等罰則の整備が行われた。

(5) 平成3年（法律第93号）の改正

　　1988年の「麻薬及び向精神薬の不正取引の防止に関する国際連合条約」による規制の強化に対応し，併せて，本法を含めたいわゆる薬物四法相互間における罰則の構成要件，法定刑等について均衡を図る観点から，本法についても所要の改正を行うこととし，①覚醒剤製造の意義等についての規定を設けるほか，②覚醒剤原料に対する規制の追加，③資金等提供罪の処罰範囲の拡大，④覚醒剤の運搬に供した車両の没収等没収範囲の拡大，⑤国外犯処罰規定の新設等が行われた。

② 覚せい剤取締法の目的

> 覚せい剤取締法の目的は何か。

〔関係条文〕覚せい剤1条，2条4項，10項，30条の2，18条，41条2項，憲13条，22条

1 法1条の趣旨

　覚せい剤取締法の目的は「覚せい剤の濫用による保健衛生上の危害を防止するため，覚せい剤及び覚せい剤原料の輸入，輸出，所持，製造，譲渡，譲受及び使用に関して必要な取締を行う」（法1条）ことである。

2 用途の限定と濫用防止

　すなわち，覚せい剤取締法は，覚醒剤の医療上の有用性を認めつつ，その濫用によってもたらされる弊害を防止するため，
　⑴　覚醒剤及び覚醒剤原料の用途を医療用と学術研究のみに限定し，
　⑵　覚醒剤製造業者，覚醒剤原料輸入業者，覚醒剤原料輸出業者，覚醒剤原料製造業者は厚生労働大臣の指定を，覚醒剤原料取扱者，覚醒剤原料研究者，覚醒剤施用機関，覚醒剤研究者は都道府県知事の指定を受けることとし，指定を受けた者以外の者の覚醒剤及び覚醒剤原料の取扱いを禁止して，覚醒剤及び覚醒剤原料の流通経路を特定し，
　⑶　覚醒剤及び覚醒剤原料の譲渡し，譲受けに際しては譲渡証及び譲受証，医師の証明書等の交付を要することとし，
　⑷　罰則は，特別法として麻薬及び向精神薬取締法と同様に最も厳しい規定（懲役刑の最高は無期，罰金刑の最高は1,000万円）を設けている。

3 合憲性

このように覚せい剤取締法が覚醒剤及び覚醒剤原料の取扱いについて厳しい規制をしていることは，覚醒剤のもたらす弊害に着目してなされたものであり，憲法13条，22条に反しない。

最判昭31・6・13（刑集10・6・830）は「『覚せい剤』は，これを濫用するときは習慣性を生じ進んで慢性中毒症となり肉体上，精神上病的状態に陥り，遂には非行，犯罪を犯し，社会公共に危害を及ぼす虞のあることは明らかである。したがって覚せい剤取締法が，一方において覚せい剤の適正な使用の途を開きつつ，法定の資格者以外の者によるその譲渡，譲受等が濫用の因をなしやすいことに鑑み同法17条3項をもって法定の場合の外一般に覚せい剤を譲り渡し又は譲り受けることを禁止し，同法41条1項4号をもってこれが違反に対し罰則を定めても公共の福祉のために必要なものであるから憲法13条に違反するとはいえない」とし，さらに最判昭31・9・11（刑集10・9・1341）は「覚せい剤取締法が一方において覚せい剤の適正な使用の途を開きつつ，他方において，法定の資格者以外の者によるその譲渡，譲受，所持等が濫用の因をなしやすいことに鑑み，法定の場合の外一般に覚せい剤を所持し，又は譲り渡す行為等を禁止し，これが違反に対し罰則を定めても公共の福祉のために必要なものであることは当裁判所大法廷判決（注・前記判決）の趣旨に徴し明らかである。それ故，法定の資格者でない者が覚せい剤を所持譲渡しても必ずしも公共の福祉に反するものでないことを根拠として，原判決が憲法第22条に違反するとの主張は，その理由がない」としている。

③ いわゆる麻薬二法の内容

平成3年成立のいわゆる麻薬二法の内容はどんなものなのか。

〔関係条文〕麻薬特5条，6条，7条，8条，9条，麻薬50条の38，58条の3等

1 制定の背景

　平成3年10月に成立したいわゆる麻薬二法，すなわち「麻薬及び向精神薬取締法等の一部を改正する法律」及び「国際的な協力の下に規制薬物に係る不正行為を助長する行為等の防止を図るための麻薬及び向精神薬取締法等の特例等に関する法律」（以下「麻薬特例法」という）は，1988年の「麻薬及び向精神薬の不正取引の防止に関する国際連合条約」（いわゆる麻薬新条約）及びアルシュ・サミットの経済宣言に基づき招集された「金融活動作業グループ」の勧告を国内的に実施するため制定されたものであり，平成4年7月1日から施行された。

2 「麻薬及び向精神薬取締法等の一部を改正する法律」

　麻薬及び向精神薬取締法，あへん法，大麻取締法及び覚せい剤取締法のいわゆる薬物四法の一括改正法であり，その内容は次のとおりである。なお，（　）は覚せい剤取締法の改正後の条文を示したものである。

① 「麻薬及び向精神薬の原材料の新たな規制」
② 「資金等提供罪の処罰範囲の拡大（41条の9，41条の10）」
③ 「規制薬物等の運搬の用に供した車両等の没収規定の新設（41条の8第2項）」
④ 「国外犯処罰規定の新設（41条の12）」
⑤ 「覚醒剤原料等の輸出の際の虚偽表示及び記録，保存義務違反の罪の新設（42条15号，22号，42条の2第6号，44条）」
⑥ 「麻薬の小分け罪の新設」
⑦ 「大麻の定義規定の改正」
⑧ 「覚醒剤及び覚醒剤原料の製造の意義に関する規定（2条2項及び8項）」
⑨ 「あへん法の罰金額の引上げ」
⑩ 「あへん等吸食罪の営利目的加重処罰規定の削除」
⑪ 「麻薬取締官等の捜査権限の拡大」

3 「麻薬特例法」

① 「業として行う薬物犯罪の加重処罰」
② 「薬物犯罪収益の規制（マネー・ローンダリング行為の犯罪化，債権等無形財産を含む没収範囲の拡大，没収等の保全手続，外国の没収判決等の共助及び保全の共助）」
③ 「コントロールド・デリバリーの実施のための措置」
④ 「金融機関等による疑わしい取引の届出制度」

等をその内容とするものである。なお，麻薬特例法は，平成11年の組織的な犯罪の処罰及び犯罪収益の規制等に関する法律の施行に伴い，④の金融機関等による疑わしい取引の届出制度の削除等の改正が行われたが，その基本的構成に変更はない。

4 覚醒剤の意義（その1 定義）

> 覚醒剤とはどのようなものをいうのか。

〔関係条文〕覚せい剤2条1項，医薬41条，第15改正日本薬局方

1 薬理学的用語としての覚醒剤

「覚醒剤」という用語は，薬理学的な意味で使用される場合と，法律的な意味で使われる場合とがある。

薬理学的には中枢神経興奮作用あるいは覚醒作用をもつ薬剤を「覚醒剤」と総称している。この覚醒剤に分類されている薬物及びその関連薬物としては，アンフェタミン，メタンフェタミン，フェンテルミン，ジエチルプロピオン，フェンメトラジン，ヘンフルラミン，エフェドリン，メフェルテルミン，ピプラドロール，メチルフェニデート，ペモリン等のほか多数あるが，これらの覚醒剤を代表する薬物はアンフェタミン類である。

なお，これらの薬品のうち，我が国で市販されているのは，エフェドリン，メチルフェニデート（リタリン），ペモリン（ベタナミン）などである。

2 規制の範囲

このような覚醒作用を有する薬品について，どの範囲のものをどの程度に規制するかは，立法政策の問題であるが，我が国では，濫用の実態，有害性，医薬品の有用性に鑑み，数ある覚醒作用を有する薬品のうち，フェニルアミノプロパン，フェニルメチルアミノプロパン及びその塩類を，覚せい剤取締法により，これを「覚せい剤」として規制している（法2条1項）。

法律的な意味で使用される「覚せい剤」とは，上記の薬品をいうのである。なお，本法上は，①フェニルアミノプロパン，フェニルメチルアミノプロパン及びその塩類（法2条1項1号），② ①と同種の覚醒作用を有する物であって政令で指定するもの（2号），③ ①，②の物のいずれかを含有する物（3号）が「覚せい剤」とされているが，②については現在まで政令で指定された物はない。

3 性質と作用

このような「覚せい剤」のうち，フェニルアミノプロパンは，化学名を1－フェニル－2－アミノプロパン，一般名をアンフェタミンと呼ばれるものであるが，現在は，医薬品として承認されていない。このアンフェタミン硫酸塩は，白色，無臭の結晶性粉末で，やや苦味を有し，舌を麻痺させる。約9倍の冷水に溶解し，約500倍の95％アルコールに溶解するが，エーテルには溶けない。

次に，フェニルメチルアミノプロパンは，化学名を1－フェニル－2－メチルアミノプロパン，一般名をメタンフェタミンと呼ばれるもので，これのメタンフェタミン塩酸塩が第15改正日本薬局方に収載されている。医薬品として「ヒロポン」（粉末，錠剤，注射液）がある。メタンフェタミン塩酸塩は無色の結晶又は白色の結晶性粉末で，無臭，苦味をもち，2倍の水，3倍

のエタノールベンゼンに溶解するが、エーテルには不溶である。

なお、アンフェタミンとメタンフェタミンとは、その作用の質的な面では、両者に差異は認められないが、中枢神経興奮作用はメタンフェタミンのほうがいくぶん強いとされている。我が国で不正に流通し濫用されている覚醒剤が、メタンフェタミンであることの理由の一つと考えられよう。

5 覚醒剤の意義（その2 純度）

> 覚せい剤取締法にいう「覚せい剤」は、純粋なものに限られるか。

〔関係条文〕覚せい剤2条1項

1 法の規制対象

覚せい剤取締法の規制の対象となる「覚せい剤」とは、
(1) 「フェニルアミノプロパン、フェニルメチルアミノプロパン及び各その塩類（法2条1項1号）」
(2) 「前号に掲げる物と同種の覚醒作用を有する物であって政令で指定するもの（2号）」
(3) 「(1), (2)の物のいずれかを含有する物（3号）」
をいう。

したがって、この「覚せい剤」の定義規定によると、法が規制の対象として予定しているのは、必ずしも純粋な覚醒剤に限るものではなく、他の物と混合された物であっても「覚せい剤」に当たる。

2 判例による定義（純粋性）

裁判上、本法にいう「覚せい剤」が純粋なものに限るかどうかについて問題となった事例としては、東京高判昭31・5・10（東高時報7・5・193）

がある。

　同判決は，「覚せい剤とは覚せい剤取締法2条に規定するとおりフェニルアミノプロパン，フェニルメチルアミノプロパン及びその塩類並びにこれらのいずれかを含有する製剤をいうのであるから，本件覚せい剤粉末が純粋な塩酸フェニルメチルアミノプロパンの粉末であるとそれを含有する粉末であるとを問わず覚せい剤たることに変りはなくそこに含有されている塩酸フェニルメチルアミノプロパンの量を確定しない以上覚せい剤に非ずということはできない」としており，必ずしも「覚せい剤は純粋なものであることを問わない」としている。

3　判例による定義（含有量）

　これに関連して，覚醒剤の含有量が少量である場合に「覚せい剤」に該当するか否かが問題となった事例がある。

　この問題について，大阪高判昭31・9・25（大阪速報昭和31年その8）は，「覚せい剤取締法2条1項は，覚せい剤の定義を掲げその第1号としてフェニルアミノプロパン，フェニルメチルアミノプロパン及び各その塩類と規定し，その含有量について制限するところはないのであって，少量でも右塩類を含有するものは同法に定める覚せい剤とすべきことは覚せい剤の濫用による保健衛生上の危害を防止するため覚せい剤及びその原料の製造譲渡等を取り締まることを目的とする同法の精神よりして当然のことといわなければならない。」旨判示し，覚醒剤が他の物と混合し，覚醒剤の含有量が少量であっても，覚醒剤に該当することを明らかにした。

６　覚醒剤の薬理作用

> 覚醒剤を濫用するとどのような状態になるか。

〔関係条文〕覚せい剤19条

1 用途と効能

覚醒剤は，抑うつ症，ヒステリー，神経衰弱等の加療，低血圧症状，虚脱状態，乏尿等の治療，手術後の麻酔の覚醒等に用いられる。

覚醒剤が医療用として使用される場合の常用量は1回2.5mgないし5mgとされているが，およそ3mgが標準量とされている（もっとも，濫用される場合の1回の使用量は，20mgないし30mgといわれ，これは耐薬性が速やかに形成されることに伴い使用量が増加したことによるものと考えられる）。

2 中毒性

常用量の程度を少しでも超えると極めて危険である。一般にこれらの場合には覚醒剤中毒ということで問題とされるが，覚醒剤中毒には急性中毒と慢性中毒がある。

急性中毒は，覚醒剤を1，2回あるいは数回大量に使用すると起こるといわれる（その場合の量は，個人差があるが，通常は10mg以上を摂取するとこの症状を呈するといわれる）。

急性中毒になると，頭がはっきりしすぎて病的な超覚醒状態になって，何にでも関心をもつようになる。また，運動の促進が起きる結果，じっとしていられなくなり，動きたくなる状態になる（運動促進）。そして注意力が散漫となり，諸々のことに関心をもち，何にでも気が付くことがかえって不安気分を形成する結果となる（不安形成）。過度の興味増大があって，周囲に対し非常に気を回すことにより現実認識が欠けるようになり，正当な認識ができなくなる（現実把握の困難）。このように不安気分が起こってくると，これを外界に投影して，その不安の原因が外界にあるように誤認する。そこに錯覚が生まれ，幻覚や妄想が形成され，場合によっては，この幻覚や妄想に基づいて興奮を発することもある。

覚醒剤の薬効が消失すると，過度の興奮の結果として疲労が残り，倦怠感，茫乎（ぼうこ）感を覚え，憂鬱な気分から逃れたいのと，覚醒剤使用時の発揚，爽快気分が快感刺激となって，再度覚醒剤を使用したいという欲求を起こさせ，そ

の結果反復使用するようになり，やがては慢性中毒に陥る。

　覚醒剤をどのくらい使用すると慢性中毒になるかについては，個人差があって一概にはいえない。通常は3か月位で中毒による精神症状が現れるといわれている。覚醒剤の耐薬性の上昇は，速やかに形成され，次第に使用量が増加し，初期の使用量の20ないし30倍にも達する。

　覚醒剤中毒の大きな特徴は，精神障害としての病像が極めて複雑，多彩であるところにある。長期間の連用によって起こる中毒症状としては，多弁，多動，軽佻(ちょう)，粗野，感情高揚，無欲，茫乎(ぼうこ)，過敏，易怒，不安，恐怖感，倦怠感，記憶力・記銘力の減退，注意力の散漫，るい痩などの一般的精神症状である。また，連用した後，急に使用をやめると，頭痛，下痢，便秘，不眠，口渇，意欲減退，抑うつ状態などが見られる。このような症状を禁断症状と見るか否かについては，専門家の間でも議論があり，一般的には，覚醒剤中毒には身体的依存はなく，禁断症状もないとされている。

7　覚醒剤の鑑定方法

> 覚醒剤かどうかの鑑定はどのようにして行うのか。

〔関係条文〕覚せい剤34条の3，麻薬施行令11条2号等

1　鑑定方法

覚醒剤の鑑定方法には，次のようなものがある。
(1)　粉末・結晶等の試験
　ア　呈色反応
　イ　薄層クロマトグラフィー（TLC）――試料をメタノール等に溶かした試験溶液について行う。
　ウ　ガスクロマトグラフィー（GC）――①試料を蒸留水に溶かし，アルカリ性条件下で酢酸エチル等の有機溶媒で抽出した試験溶液について

行うものと，②試料を無水トリフルオロ酢酸を用いてトリフルオロアセチル化した試験溶液について行うものとがある。
(2) 沈殿反応──試料を水に溶かした試験溶液について所定の数種の薬品液の各反応を行う。
(※塩酸塩である確認試験として塩化物反応が一般的に行われる。)

以上の鑑定により，呈色反応及び沈殿反応が陽性であり，さらに TLC 及び GC の各試験における Rf 値，保持時間，質量スペクトル等が標準品と一致することが確認されたときは，覚醒剤又は覚醒剤を含有（付着）するものと判定する。

2 尿の試験

(1) TLC，GC，液体クロマトグラフィー（LC）のいずれかを行う。
(2) 試料について，トリフルオロアセチル化等の誘導体化を行い，ガスクロマトグラフィー質量分析（GCMS）を行う。

これら各試験における Rf 値，保持時間，質量スペクトル等が標準品と一致することを確認し，さらに覚醒剤の代謝物も確認されれば，覚醒剤を含有するものと判定する。

3 鑑定の留意事項

我が国で不正に取り扱われている覚醒剤は，覚せい剤取締法にいうフェニルメチルアミノプロパン，一般名メタンフェタミンと呼ばれるものである。実際には，製造技術が稚拙なため，あるいは増量の目的で他の医薬品等を混入したものがあるので，覚醒剤を押収し鑑定に付する場合に留意を要する。

増量薬として使用されている現在までの実例としては，次のようなものが報告されている。

(1) 「覚醒剤原料関係」──ジメチルアンフェタミン，エフェドリン，メチルエフェドリン等

(2) 「医薬品関係」——カフェイン,安息香酸ナトリウムカフェイン(安ナカ),カフェンカンファー,アンチピリン,アミノピリン,スルピリン,サリチル酸,フェンテルミン,ブロバリン,プロカイン
(3) 「賦形剤関係」——しょ糖,ぶどう糖,乳糖,でんぷん
(4) 「その他」——イソプロピルベンジルアミン,2-フェネチルアミン,ジメチルスルフォン,食塩,グルタミン酸ナトリウム,クエン酸,重曹,チオ硫酸ナトリウム,ほう砂,明ばん,シリカゲル等

8 覚醒剤の予試験

覚醒剤の予試験とはどういうことか。

〔関係条文〕刑訴212条,213条

1 予試験の必要性

　覚醒剤等の薬物犯罪が成立するには,まず当該犯罪行為の対象物が覚醒剤であることが前提条件である。すなわち,覚醒剤犯罪の捜査にあっては対象薬物が覚醒剤(覚醒剤原料)であることを立証しなくてはならず,そのため最終的には科学的な鑑定を経て覚醒剤であることを確認することが必要となる。

　しかし,捜査の過程で覚醒剤と疑われる物や覚醒剤の使用を疑われる被疑者の尿を押収した場合に当該証拠物や尿について,全て正式に鑑定をすることは事実上困難であるばかりでなく,捜査遂行上妥当性を欠くため,実務上は,捜査現場で試薬を用いて第一次的な試験が行われている。これがいわゆる予試験である。

2 予試験の種類

　現在，覚醒剤事犯の捜査に活用されている予試験は種々ある。例えば，覚醒剤と疑われるものにつき，シモン試薬試験，マルキース試薬試験があり，尿につき，吸着チップ法試験，インスタント・ビュー試験がある。シモン試薬は，我が国で濫用されているフェニルメチルアミノプロパン及びその塩類を検査対象として開発されたものであるため，フェニルアミノプロパン及びその塩類や覚醒剤原料である塩酸エフェドリンには反応しないが，シアン系の他の薬物にも反応する場合があることに注意を要する。

3 予試験実施上の留意事項

　予試験も捜査手続として行われるものであるから，その手続は適正に行う必要があり，いやしくも後日になって手続が違法であったとの主張がなされる余地がないよう慎重に行うべきである。そのためには，次の点に留意しておく必要がある。

(1) 前もって相手方の承諾を得，試薬による試験方法等をも説明して納得させておくのが望ましい。

(2) 被疑者や関係者を立ち会わせること。なお，対象薬物が極めて少量である場合とか混合物が多いような場合には，直ちに本鑑定をすることを考える。

(3) 予試験の結果が陽性であった場合に，実施者はその状況を明確にするため報告書を作成する。その記載内容は，①予試験の必要性，②実施日時，場所，③立会人，④予試験の方法，⑤試験結果の反応色と反応に要した時間，⑥覚醒剤と認めた理由等である。

　なお，予試験の結果が覚醒剤と疑われる物が陽性であった場合，実務上は一般的に現行犯人として逮捕しているようである。

9 覚醒剤犯罪の国外犯処罰規定と「みだりに」の意義

覚醒剤犯罪は国外犯を処罰できるか、また「みだりに」とはどのような意味か。

〔関係条文〕刑2条、覚せい剤41条、41条の2、41条の6、41条の9、41条の11、41条の12

1 国外犯処罰規定

従来、覚醒剤犯罪については国外犯処罰規定がなく、これを処罰することができなかったが、平成3年の覚せい剤取締法改正により、①輸入、輸出、製造及びこれらについての予備、資金提供等（法41条、41条の6、41条の9）、②譲渡し、譲受け及びこれらの周旋（法41条の2、41条の11）、③所持（法41条の2）について国外犯処罰規定が設けられ（法41条の12）、これらの国外犯を処罰することができることとなった。

なお、この改正では、覚醒剤の輸入、輸出、製造、譲渡し、譲受け及び所持罪について、従来、「○○条の規定に違反した者は、○○に処する。」などと規定されていたものが、「みだりに、輸入し、輸出し、……した者は、○○に処する。」などと書き改められた（法41条の2）。

これは、覚醒剤をめぐる犯罪につき、国外犯処罰規定を設けたことに伴うもので、現実の適用対象となる行為は、従来のそれと変わるものではない。

2 「みだりに」の意義

「みだりに」とは、「社会通念上正当な理由が認められない」という意味である。具体的には我が国の国内における行為であれば我が国の法律に違反することをいい、国外犯との関係でいえば、その行為が行われた当該外国においてもその法令に違反する行為であると同時に、その行為が我が国で行われたとしたならば、我が国の法律にも違反すること、すなわち、当該外国と我

が国の法律のいずれにも違反する行為であることを意味する。

3　「みだりに」の使い方

このように,「みだりに」と書き改めた構成要件に該当する行為を捜査・起訴する場合の犯罪事実の書き方は,「みだりに……した」と記載することになるし,また罰条も,罰則が「みだりに……した者」と,それ自体完結したものとなっているので,罰則の条文を引用すればそれで足りる。

4　使用事犯の場合

これに対し,覚醒剤事犯のうち,使用事犯については,国外犯処罰規定は設けられておらず,したがって,その処罰規定も改正されていないので,犯罪事実の書き方は,「法定の除外事由がないのに」と記載することになる。

また,罰条も,罰則の書き方が「第19条の規定に違反して」と,当該禁止規定が構成要件の内容をなしているのであるから,罰則の条文とその前提となる禁止規定の条文の双方を記載することになる。

10　法定の除外事由がないことの立証方法

> 「法定の除外事由」がないことは,どのように立証するか。

〔関係条文〕覚せい剤3条,14条2項,刑訴319条

1　覚せい剤取締法における「法定の除外事由」

覚せい剤取締法は,覚醒剤に関する禁止規定の中でいわゆる「法定の除外事由」を定め,禁止の一部を解除している。この法定の除外事由が存在する場合は,当該行為は禁止規定の対象とはならず,その禁止規定に違反する行

為とならない。したがって，具体的事件の捜査に際しては，当該行為者について法定の除外事由が存在しないことを立証し得るに足りる証拠を収集しておく必要がある。

ところで，本法所定の「法定の除外事由」を見ると，一定の資格等を有する者について定められている場合があり，これらの者は大きく2つに分類され，1つ目は，厚生労働大臣（都道府県知事を経て）から又は都道府県知事から覚醒剤製造業者，覚醒剤施用機関，覚醒剤研究者等としての指定を受けた者（以下「指定業者等」という），2つ目は，上記の指定業者等と法定の関係にある者（覚醒剤製造業者の業務上の補助者，覚醒剤施用機関の開設者・管理者，同施用機関において診療に従事する医師等）である。

そして，通常は，被疑者がこれらの者に該当しないことを立証することとなり，その関係の証拠を収集すべきこととなるのであるが，そのためには，1つ目の類型については都道府県知事に，2つ目の類型については指定業者等に所要事項を照会して回答を得ることが最も確実な方法である。

しかし，都道府県知事については全国47知事の全部に照会しなければ指定の有無は確定できず，膨大な数の覚醒剤犯罪全てについてこれを行うことは困難であり，また，指定業者等についても同様である。そこで，実務上は，もっと簡便な方法で立証がなされている。

2　被疑者が自白している場合

まず，被疑者が法定の除外事由の不存在を自白している場合には，これが最も確実な証拠の一つとされている。ただし，刑事訴訟法319条は，犯罪事実の認定には自白以外の証拠（補強証拠）を必要と定めており，実務においては，被疑者の住居地の都道府県知事に対して指定の有無を照会し，その回答をもって補強証拠とする場合が多い。

しかし，最判昭28・10・16（裁判集刑事87・481）は，「自白を補強すべき証拠は必ずしも自白にかかる1個の犯罪事実の全部にわたってもれなくこれを裏付けるものでなくても，自白にかかる事実の真実性を保障しうるものであれば足りる」と判示しており，また，東京高判昭56・6・29（判時

1020・136) は，法定の除外事由の不存在については，補強証拠は不要であるとしていることからすれば，法定の除外事由の不存在について必ずしも補強証拠を要するとは解されない。また，都道府県知事の回答によるまでもなく，他の情況証拠（覚醒剤の入手・隠匿・使用・処分の方法，当時の被疑者の生活環境・生活状況等）によっても立証が可能である，としている。

3 被疑者が否認している場合

次に，被疑者が法定の除外事由の不存在について否認している場合には，被疑者の住居地等の都道府県知事に対する照会回答等によって立証できるし，前記のとおり，情況証拠によっても立証が可能である。

11 覚醒剤犯罪の立証と鑑定

> 覚醒剤犯罪を立証するためには，押収した物件全てについて鑑定等の科学的検査を行わなくてはならないか。

〔関係条文〕刑訴318条，覚せい剤2条1項1号

1 覚醒剤犯罪の成立要件

覚醒剤犯罪が成立するためには，当該犯罪の対象となった薬物が覚醒剤であることが前提条件である。そのため捜査実務においては，まず，予試験を実施し，覚醒剤であることを確認の上，強制捜査に着手し，最終的には鑑定によって覚醒剤であることを立証している。

2 覚醒剤であることの立証

しかし，覚醒剤犯罪全てについて当該対象物件が覚醒剤であるかどうかについて正式な鑑定を要するとなると，当該違反対象物件を押収できなかった

場合は処罰（起訴）できなくなり，また，多量に押収した対象物件全てについて鑑定することになれば，迅速な捜査ができなくなるばかりでなく，それに対応する鑑定要員の確保や鑑定器材の整備が必要となり，捜査手続，訴訟経済上から見て極めて不合理である。

もとより，犯罪事実は，裁判官が証拠能力のある証拠を評価して，その自由な心証により合理的疑いを入れない程度に立証されたときに認定される（刑訴318条）ものであるから，理論上はこの違反対象物件についても，覚醒剤であるかどうか合理的疑いを入れない程度に立証すればよく，全てについて鑑定等の科学的検査を行う必要はない。

3 判例の見解

従来の裁判例を見ると，
(1) 「捜査官が，当該覚醒剤を同一時に，同一場所から押収したものであること」
(2) 「当該覚醒剤の入手状況（同一人から一括して入手したこと）及びその際の覚醒剤の包装等外形的状況（同一の包装で異種のものがなかったこと等）から，対象となった覚醒剤の全てが同一と見られる状況にあること」
(3) 「外形上，粉末，結晶，色状等一見して同種同質のものと看取されること」

等により，それらの内容が同一性を有するものと判断される場合には，そのうちの一部を鑑定し，その全部を覚醒剤と認定できるとしている。

しかし，これらの判例は，アンプルで取引された事犯に係るものであって，粉末，結晶の状態で取引されている現在にあっては，原則として全てについて鑑定をすることが望ましい。

なお，参考となる裁判例としては，次のようなものがある。

①覚醒剤注射液アンプル777本の一部について試験をして，その全部を覚醒剤と認定した事例（福岡高判昭29・12・16高裁特1・13・734），②「ホスピタン」と標示したアンプル1本と無標示のアンプル7本のうちの2本を鑑定して全部を覚醒剤と認定した事例（東京高判昭29・8・9高裁特1・3・

129),③1包となっていたアンプル210本とバラバラになっていたアンプル9本のうち,前者のうちの1本,後者のうちの1本を鑑定し,その全部を覚醒剤と認定した事例(東京高判昭29・2・16東高時報5・1・32),④小分けと保管を頼まれ同時に預かった63.8gの一部を鑑定して全部を覚醒剤と認定した事例(大阪高判昭29・12・14高裁特1・13・726)。

12 錯誤と覚醒剤犯罪の成否

> 行為者に錯誤があった場合はどうか。

〔関係条文〕刑38条等

1 法定的符合説

　行為者が認識したところと実際に生じたところとが食い違った場合を錯誤という。錯誤は,同一構成要件の範囲内で生じたいわゆる具体的事実の錯誤と,異なる構成要件にまたがって生じたいわゆる抽象的事実の錯誤とに分けられる。
　錯誤があった場合,故意が阻却されるか否かの判断基準については,具体的符合説,法定的符合説,抽象的符合説等が対立しているが,判例・通説は法定的符合説をとっているといわれている。
　この法定的符合説は,構成要件の範囲内で認識した内容と生じた事実とが一致している限り故意の成立を認めるものである。
　この法定的符合説の立場に立った上で,具体的事実の錯誤(同一構成要件内の錯誤),抽象的事実の錯誤(異なる構成要件間の錯誤)につき順次検討する。

2 故意が阻却されるか否かの判断基準

　まず,具体的事実の錯誤の場合は,認識した内容と現実に発生した事実と

の食い違いは同一構成要件の範囲内で生じているのにすぎないから，発生した事実について故意は阻却されない。例えば，覚醒剤の種類を取り違えたとしても，具体的事実の錯誤として故意は阻却されない（もっとも，これは，具体的事実の錯誤と解してもよいし，この種事犯において要求される故意の内容が本来そのようなものと考えてもよい《亀山継夫「事実の錯誤と適条」研修371・553参照》)。

次に，抽象的事実の錯誤の場合については，錯誤にかかわる2つの構成要件が重なり合うときは，その重なり合う限度で軽い罪の故意の成立が認められるが，構成要件が重なり合わないときは，発生した事実について故意が阻却される。

3　錯誤に関する事例

覚醒剤に関する錯誤に係る判例としては，以下のものが参考となる。
① 「覚醒剤と誤信して覚醒剤原料を輸入した場合には，「覚せい剤輸入の罪よりも法定刑が軽い覚せい剤原料輸入の罪の……故意は阻却されない」（東京地判昭50・5・1ジュリスト判例カード612・180)」
② 「覚醒剤を麻薬であるコカインと誤認して所持した場合には，「所持にかかる薬物が覚せい剤であるという重い罪となるべき事実の認識がないから，覚せい剤所持罪の故意を欠くものとして同罪の成立は認められないが，両罪の構成要件が実質的に重なり合う限度で軽い麻薬所持罪の故意が成立し同罪が成立する」（最決昭61・6・9刑集40・4・269)」
③ 「ジアセチルモルヒネの塩類である粉末を覚醒剤と誤信して輸入した場合については，麻薬（ジアセチルモルヒネの塩類）輸入罪と覚醒剤輸入罪は，「その目的物が覚せい剤か麻薬かの差異があるだけで，その余の犯罪構成要件要素は同一であり，その法定刑も全く同一であるところ，……麻薬と覚せい剤との類似性にかんがみると，この場合，両罪の構成要件は実質的に全く重なり合っているものとみるのが相当であるから，麻薬を覚せい剤と誤認した錯誤は，生じた結果である麻薬輸入の罪についての故意を阻却（せず，）……麻薬輸入罪が成立（する）」（最決昭54・

3・27刑集33・2・140)」

13 覚醒剤以外の物を覚醒剤であると認識して輸入等する行為と犯罪の成否

> 覚醒剤以外の物を覚醒剤であると思って輸入,輸出,譲渡し,譲受け,又は所持した場合の擬律はどうなるか。

〔関係条文〕麻薬特8条,2条1項,5項,6条

1 規制薬物としての認識

　ある物を覚醒剤であると思って,これについて輸入,輸出,譲渡し,譲受け,所持等の行為に及んだところ,それが覚醒剤でなかった場合,錯誤の問題として解決できる(12 3の最決昭54・3・27刑集33・2・140参照)ケースはともかく,そうでないケースでは,これらの行為は不可罰と解するのが一般的である。
　ところで,麻薬特例法では,規制薬物でないことが明らかであるか,又は規制薬物であるかどうかが不明な薬物その他の物品を,規制薬物であると認識し得る客観的状況の下に,規制薬物であると認識して,輸入,輸出,譲渡し,譲受け,又は所持する行為を処罰することとしている(同法8条)。
　したがって,規制薬物である覚醒剤(同法2条1項)に関しては,行為者が,覚醒剤であると認識し得る客観的状況の下で,覚醒剤であると認識して,薬物等を輸入,輸出,譲渡し,譲受け,又は所持した場合,その薬物等が覚醒剤でなかったとき,又は覚醒剤であることの証明ができなかったときでも,当該行為は処罰の対象となる。

2 処罰根拠

　不正な送り荷(規制薬物)を取り除いて行うクリーン・コントロールド・

デリバリーを実施する場合，規制薬物は捜査機関の手によって抜き取られているため，犯人が所持し，又は譲り受ける荷物には規制薬物が入っていないことになり，いわゆる薬物四法ではこのような者については処罰することはもとより，逮捕，勾留することも許されない事態が生じる。それを回避するためには，クリーン・コントロールド・デリバリーを実施して特定した犯人を逮捕し，処罰する必要がある。

そもそも，薬物犯罪を犯す意思で，規制薬物として薬物その他の物品を輸入する等の行為は，純客観的に見たとき，薬物濫用の助長に直結すると断定はできない。しかし，その行為に着目すると，規制薬物であると認識される状況下で，規制薬物を不正に取引する意思で薬物その他の物品を取引するのであるから，このような行為は薬物の濫用を助長する危険性を有する行為であって，これを放置すれば，現実に規制薬物の濫用の拡大を招く危険性が極めて強いということができる。

麻薬特例法が上記行為を犯罪化したのは，薬物濫用を助長する危険性のある行為として処罰する必要があると考えたからである。

また，マネー・ローンダリングは，過去に行われた薬物犯罪収益について行われることが多い。取引された薬物が規制薬物であることの立証が困難なことも考えられ，薬物犯罪収益等隠匿罪（麻薬特6条）が実効性がないものとなるおそれもあり，麻薬特例法8条の罪はこのような問題にも対応する側面があって，マネー・ローンダリングの処罰を実効あらしめる意味がある。

3 成立範囲

麻薬特例法8条の罪は，規制薬物である麻薬，向精神薬，大麻，あへん，けしがら及び覚醒剤に関するものであるから，規制薬物でない覚醒剤原料に関し，これを譲り受ける意思で，覚醒剤原料以外の物を譲り受けても，同条の罪は成立しない。

14 覚醒剤犯罪が成立するために必要な覚醒剤であることの認識の程度

> 覚せい剤取締法違反が成立するためには，覚醒剤であることの認識がどの程度必要か。

〔関係条文〕覚せい剤 41 条，41 条の 2，刑 38 条等

1 認識の程度

　覚醒剤等違法薬物の輸入事犯等においては，運び役が運搬物である違法薬物について，それが違法薬物であることを知らされないままに運搬することがあり，その場合，当該運び役において，違法薬物についてどの程度認識を有していたかが問題となる。

　覚せい剤取締法に規定する輸入罪等の構成要件は，覚醒剤を輸入等することであるから，故意として，自己が輸入等する対象物が覚醒剤であることを，少なくとも未必的には認識・認容している必要がある。

　故意の内容としては，未必的な認識・認容で足りるとする以上，「覚醒剤かもしれないし，その他の有害で違法な薬物かもしれないとの認識・認容を有していた」という場合には，故意の内容としては十分であると解される。「何らかの違法な薬物である」との認識を有する場合には，特段の事情がない限り，「何らかの違法な薬物」の中に覚醒剤も含まれることとなるであろうから，「覚醒剤かもしれないとの認識・認容を有していた」という未必の故意が認められると思われる。

2 認識の程度の判断

　この点に関する判例としては，最決平 2・2・9（判時 1341・157，判タ 722・234）がある。これは，アメリカ人である被告人が，他 1 名と共謀の上，覚醒剤約 3000g を航空機により密輸入した上，そのうち約 1999.5g を東京

都内のホテルの一室で所持していた事案であり，同判決は，「被告人は，本件物件を密輸入して所持した際，覚せい剤を含む身体に有害で違法な薬物類であるとの認識があったというのであるから，覚せい剤かもしれないし，その他の身体に有害で違法な薬物かもしれないとの認識はあったことに帰することになる。そうすると，覚せい剤輸入罪，同所持罪の故意に欠けるところはない」と判示しており，参考になる。

15 塩酸エフェドリンが覚醒剤原料であることを知らなかった旨の弁解と故意の成否

> 塩酸エフェドリンが覚せい剤取締法にいう覚醒剤原料であることを知らなかったと弁解をした場合はどうなるか。

〔関係条文〕覚せい剤2条5項，別表1号，30条の6，30条の9，刑38条3項

1 塩酸エフェドリンについて

　覚醒剤原料である塩酸エフェドリンは，覚醒剤と化学構造が極めて似ている上，その薬理作用も似ているため，不正取引の対象として登場する場合が少なくない。

　覚醒剤原料に関する犯罪が成立するためには，行為者が違反の対象である覚醒剤原料について，それが覚醒剤原料であることを認識している必要がある。

　ところで，覚せい剤取締法2条5項，別表1号に覚醒剤原料として規定する1－フェニル－2－メチルアミノプロパノール－1の塩酸塩は，商品名塩酸エフェドリンとして市販されているが，これらの所持，譲渡し，譲受けで検挙された被疑者から，当該物件が塩酸エフェドリンであることは知っていたが，覚醒剤原料に当たるとは知らなかった，すなわち，覚醒剤原料であることの認識はなく，故意はなかったとの主張がなされる場合が少なくない。

2 覚醒剤原料としての認識の有無

　一般的には,「覚醒剤原料」とは, 本法別表に規定する物質の総称にすぎず, その意味内容はあくまでも, 別表各号に規定する個々の物質を指称するものである。したがって, 覚醒剤原料との認識がある場合はもとより, 例えば単に別表各号に掲げる物質の名称のみを認識している場合, あるいはこれを塩酸エフェドリンとして認識している場合でも, 故意に必要な認識としては欠けるところはないと解される。

　なお, この点について裁判例を見ると, 塩酸エフェドリンであると認識をしていたが, それが「覚醒剤原料」であることの認識を欠いていたとしても, それは法律の不知にすぎず, 故意がなかったとはいえないとするもの（東京高判昭49・7・9刑月6・7・799, 同昭36・4・24東京速報904）が多い。

3 覚醒剤事犯の捜査実務

　もっとも, これらの事犯にあっては, 覚醒剤密造, 密売関係者による事犯がほとんどで, 塩酸エフェドリンが覚醒剤原料であることを十分に知っていながら, 単に原料であることを知らなかった旨の弁解をすることが多い。

　したがって, この種事犯の捜査に当たっては, 原料であることの認識があったと認定できるような情況証拠, 例えば, 取締りを免れるため取引が殊更に秘密裏に行われたこと, 被疑者及び関係人の薬物関係事犯の前科, 前歴の情況証拠を収集し, このような被疑者の弁解を追及して, 自供を得るよう努めることが必要であろう。

16 覚醒剤中毒者を発見した場合の措置

> 覚醒剤中毒者を発見した場合どうしたらよいのか。

〔関係条文〕覚せい剤19条，41条の3，警職3条1項1号等，医療観察99条2項，4項

1 覚醒剤中毒者をめぐる法令

　覚醒剤を濫用した結果その中毒に陥り，錯乱状態にある者への対応については種々の法令があるので，覚醒剤事犯の捜査担当者においても，これらについて十分理解しておくことが望ましい。

2 覚醒剤中毒者に対する具体的措置

　まず，これらの中毒者が，何らの罪を犯していないときは刑事手続上，その身柄の拘束等強制的な措置をとることはできないが，その者について，異常な挙動その他周囲の事情から合理的に判断して，精神錯乱のため，自己又は他人の生命，身体又は財産に危害を及ぼすおそれがあると認められ，応急の救護を要すると信ずるに足りる相当の理由があるときは，警察署，病院，救護施設等の適当な場所に保護しなければならないこととされている（警職3条1項1号）。

　この警職法に基づく保護は，その性質上，あくまで応急的な措置であって，後述のように刑事手続に移行できる場合はともかく，そうでない場合は，本人を家族等に引き渡すことが可能となったとき，あるいは保護を継続する必要がなくなったときに保護の状態から解放すべきである。たとえ本人に覚醒剤使用等の疑いがあったとしても，そのまま拘束を続けることはできない（警職3条3項参照）。

　なお，捜査実務上は，保護期間中に，当該被保護者から尿の任意提出を受

けて鑑定に付し，覚醒剤が検出されたとの鑑定結果を待って，覚醒剤の使用罪で逮捕する例が多い（覚せい剤19条，41条の3第1項1号）。ただ，尿の任意提出を受ける際には，提出者の精神錯乱の状態の程度を十分に考慮し，その真意に出たものであることを担保しておく必要があり，それができないときは捜索差押許可状（強制採尿令状）の発付を得て採尿する必要がある（最決平3・7・16刑集45・6・201，東京高判平3・3・12判時1385・129参照）。

3 精神疾患としての覚醒剤中毒

次に，精神保健及び精神障害者福祉に関する法律23条の要件に基づき，すなわち，これらの中毒者が「異常な挙動その他周囲の事情から判断して，精神障害のために自身を傷つけ又は他人に害を及ぼすおそれがあると認められる者を発見した」ときは，警察官は，直ちに，その旨を，最寄りの保健所長を経て都道府県知事に通報することが義務づけられている。覚醒剤の濫用が凶悪事件の引き金になりやすい実情に鑑みると，覚醒剤慢性中毒者に対する適切な医療措置の徹底が強く要請されるところであり，都道府県知事に対する通報に遺漏のないようにする必要がある。

この通報義務は，警察官がその職務を執行するに当たって，当該要件に該当する者を発見した場合に課せられるものであるが，その職務執行の範囲には，警職法の規定に基づく職務執行はもちろん，警察官が司法警察職員として行う職務執行の場合も当然含まれる。

第2章 製造罪

17 製造罪における実行の着手時期

> 覚醒剤製造罪の実行の着手があったと認められるのはどの程度の行為があったときか。

〔関係条文〕覚せい剤41条

1 未遂犯の要件

　覚せい剤取締法は覚醒剤製造罪の未遂を処罰することとしている（法41条3項，15条1項）。未遂犯は，犯罪の実行の着手を待って成立する。犯罪の実行の着手があったことによって，それ以前の予備と区別されるとともに，犯罪を遂げなかったことによって既遂と区別される。

　したがって，本法の覚醒剤製造罪の未遂犯の要件は，製造（犯罪）の実行に着手したことと，これを遂げないことであると解されるから，どの時点で製造の実行の着手があったと認めるかが問題となる。

2 覚醒剤の製造の意義

　実行の着手について，判例は，概ね構成要件に該当する行為，つまり実行行為又はそれに密接する行為を開始することと解している（大判大6・10・11刑録23・1078）。

　そこで，法にいう覚醒剤の製造の意義が問題となるが，従来はその意義に

ついて特段の規定がなく解釈によっていたが，平成3年のいわゆる薬物四法の一括改正（3 2参照）により，法2条2項に覚醒剤の製造の意義が規定され（覚醒剤原料については法2条8項参照）明確となった。

　それにより製造罪の実行の着手時期を見ると，例えば，覚醒剤原料，製造に必要な触媒となる薬品，製造のための器具類を用意し，現実に覚醒剤原料等の薬品に化学反応を起こさせる等の覚醒剤を製出する工程にとりかかった時点には，少なくとも実行の着手ありと認められよう。

　これを具体的事案について見ると，塩酸エフェドリンから覚醒剤を製造するため，塩化チオニール，クロロホルム，エーテル，パラジウム，炭素等を用いる方法をとり，その第1工程は，主原料である塩酸エフェドリンをクロロホルムと混合し，塩化チオニールを加え，次いでエーテルを加えるものであるところ，塩酸エフェドリンにクロロホルムを混合し，さらにエーテルを混入した行為は，「覚醒剤製造の第1工程に着手したもの，すなわち覚醒剤製造の実行の着手があったものと認めるのが相当である」とされている（福岡高判昭55・3・14未登載）。

3　製造事犯捜査の留意事項

　なお，製造事犯の捜査においては，不能犯の主張がなされることも念頭に置き，当該製造事犯にあってはどのような製造工程によるものか，さらに当該製造工程によって覚醒剤の製造が可能であることを明確にするとともに，その工程に基づく製造に必要な器材，薬品類を準備していたかどうかを具体的に調べ，その上で各製造行為を明らかにすることが肝要である。

18　製造罪の未遂・不能犯

　覚醒剤の製造を始めたが，製造に必要なある薬品が必要量以下であったため，完成品を作ることができなかった場合は，不能犯か。触媒として必要不可欠な薬品を欠いたまま製造行為を開始した場合はどうか。

〔関係条文〕覚せい剤15条1項，41条

1 不能犯

　不能犯とは，「犯罪行為の性質上結果発生の危険を絶対に不能ならしめるものを指す」（最判昭25・8・31刑集4・9・1593）。不能か否かについては具体的事案に即して判断される。判例には，一応所定の製造工程を経て製品を製造したが，これに用いた原末が真のフェニルメチルプロパン又はフェニルメチルアミノプロパンを含有していなかったため，覚醒剤を製造することができなかった事案について「覚せい剤の主原料が真正の原料でなかったため，覚せい剤を製造することができなかった場合は，結果発生の危険は絶対に存しないのであるから，覚せい剤製造の未遂罪をも構成しないものというべきである」（東京高判昭37・4・24高刑集15・4・210）とするものがある。

2 未遂犯の成立

　しかし，塩酸エフェドリンを主原料としてその他の薬品及び機械器具を使って覚醒剤（塩酸フェニルメチルアミノプロパン）の製造に当たったが，それに用いた触媒の塩化パラジウムの量が過少であったため覚醒剤を製造することができなかった場合については，「覚せい剤の製造を企て，それに用いた方法が科学的根拠を有し，当該薬品を使用し，当該工程を実施すれば本来覚せい剤の製造が可能であるが，ただその工程中において使用せる或る種の薬品の量が必要以下であったため，成品を得るに至らず，もしこれを2倍量ないし3倍量用うれば覚せい剤の製造が可能であったと認められる場合には，被告人の所為は覚せい剤製造の未遂犯をもって論ずべく，不能犯と解すべきではない」（最決昭35・10・18刑集14・12・1559）とされている。

3 結果発生の危険（可能性）

　また，塩酸エフェドリンから塩化チオニール等を用いて製造しようとした

が，塩化チオニールを欠いて製造を開始した場合について「本件のような工程をたどる覚せい剤製造の場合にあっては，製造に必要な器材，薬品類のすべてを手許に所持しておかなければ覚せい剤製造の実行の着手が成立しないばかりか，いわゆる不能犯となるというものではなく，それが完備されていなくても，本件の場合のように，被告人においては，塩化チオニールが必要であることを知っていて，これを入手するため被告人Yを店に買いにやったが，たまたま店にその在庫がなかったため，これを買い入れることはできなかったけれども，それは手許にあるのとして変わらないほど，いつでも自由かつ容易に購入できるものであって，現に被告人の経営するL物産株式会社も，塩化チオニール500ｇ入り60本を購入したことがあること，不足器材類については，本件現場に準備されていた他の器材を代替物として利用することが可能であったこと前示のとおりである以上，それは使用薬品類の量が不足するのとさしたる違いはなく，結果発生の具体的可能性は十分に存したものということができるから，このような場合には，不能犯と断じ去るべきでないことはもとより，覚せい剤製造の未遂犯をもって論ずべきものと解するのが相当である」（福岡高判昭55・3・14未登載）とされている。

19 製造罪と他罪との関係

> 覚醒剤を製造するため，覚醒剤原料である塩酸エフェドリンを入手し，これを原料として覚醒剤を製造し，これを譲渡した。この場合，覚醒剤製造罪のほかにどのような罪が成立し，その罪数関係はどうなるか。

〔関係条文〕覚せい剤14条，15条，41条，41条の2，30条の7，30条の8，30条の9，刑45条，54条1項

1 製造罪以外に成立する罪

設問において覚醒剤製造罪のほかに成立すると考えられるのは，①覚醒剤原料譲受罪（法30条の9，41条の4第1項4号），②覚醒剤原料製造罪（法

30条の8,41条の3第1項4号),③覚醒剤原料所持罪(法30条の7,41条の4第1項3号),④製造した覚醒剤の所持罪(法41条の2第1項),⑤製造した覚醒剤の譲渡罪(法41条の2第1項)である。

2 併合関係となる組合せ

まず,覚醒剤原料の譲受罪と製造罪との関係については,前者の罪が後者の罪に吸収されることなく,覚醒剤原料の譲受罪と覚醒剤製造罪がそれぞれ別個に成立し,両者は併合関係に立つ。

3 併合罪と包括一罪

次に,覚醒剤原料の製造罪と覚醒剤製造罪(法41条1項)との関係については,覚醒剤原料を製造した後,新たに犯意を生じて覚醒剤を製造した場合,覚醒剤原料製造罪と覚醒剤製造罪が成立し,両者は併合罪である。覚醒剤を製造する目的で,まず他の材料から覚醒剤原料を製造し,次いでこれを加工して覚醒剤を製造した場合,覚醒剤製造罪のみが成立し,覚醒剤原料製造罪はこれに吸収されると解する。

4 覚醒剤原料所持罪と覚醒剤原料製造罪

覚醒剤原料の所持罪と製造罪との関係については,あらかじめ準備格納し,覚醒剤原料を所持していたような場合には,両者を「1個の行為であるとは到底なし得ないから,それは想像的競合の場合にあたるものではない……,また,覚せい剤原料なるものは,一般に必ずしも通常製造のためにのみ所持されるものとは限らず,その他売買,贈与等の目的で所持されることもあるのであるから,被告人の覚せい剤原料所持の罪と覚せい剤製造未遂の罪との間には牽連犯の関係があるものということはできず,更に……右所持の罪が右製造未遂の罪に吸収されたものでもなく,これらが包括一罪をなす関係にあるものでもないことが明らかであり,従って……被告人の覚せい剤

原料所持の罪と覚せい剤製造未遂の罪とは併合罪の関係にある」(福岡高判昭55・3・14未登載)とされている。しかし,覚醒剤を所持するに至ったのが製造行為に着手し又は密着した時点である場合には,覚醒剤原料所持の罪は覚醒剤製造の罪に吸収される(前判決)。

5 覚醒剤の製造とその後の所持

製造した覚醒剤の所持罪と製造罪との関係については,覚醒剤を製造した犯人が,当該製造に係る覚醒剤を所持する場合,その所持が製造に伴う必然の結果として一時的に所持されるにすぎないと認められない限り,その所持は製造罪に吸収されず,製造罪とは別個に所持罪が成立し,両者は併合罪である(最決昭30・1・14刑集9・1・45)。

6 覚醒剤の製造とその譲渡及び所持

製造した覚醒剤を譲渡した場合には,新たな法益を侵害する上,その方法,態様において製造に当然随伴する行為とは認められないから,製造罪のほかに譲渡罪と所持罪が成立する(最判昭35・3・29裁判集刑事132・777)。

20 製造の予備の意義

> 覚醒剤製造の「予備」とはどういうことか。

〔関係条文〕覚せい剤41条の6,41条1項,2項,刑44条

1 予備罪

覚せい剤取締法は,覚醒剤の製造をする目的でその「予備」をした者を処罰することとしている(法41条の6)。

一般的に,「予備」とは,ある犯罪を実現しようとして行われた準備行為をいうとされている。そしてこのような「予備」は,常に処罰するとされているわけではなく,各刑罰法規において,数多い犯罪類型のうち,特に重要なものについて処罰規定を設けて,これを処罰することとされているものである。

本法においても,各種の違反行為に対する罪のうち,特に悪質な輸入,輸出及び製造の罪については,その重要性に鑑み,これらの予備行為を処罰することとしている。

2 判例の見解

製造の「予備」とは,製造を実行するための準備行為をいう。この予備が行われた後,さらに進んで実行の着手があったときは,予備行為は,実行行為の中に吸収され,未遂犯又は既遂犯として処罰されるのであって,この予備罪の規定が適用されるものではない（大判明44・7・21刑録17・1475）。

製造の「予備」行為は,どの程度に達することを要するか,すなわち,製造に先行する実現段階としてどの程度に達すれば処罰に値するのだろうか。裁判例は破壊活動防止法に関するものではあるが,「予備行為自体に,その達成しようとする目的……との関連において,相当の危険性が認められる場合……すなわち,その犯罪の実行に着手しようと思えばいつでもそれを利用して実行に着手しうる程度の準備が整えられたときに,予備罪が成立する」（東京地判昭39・5・30下刑集6・5＝6・694）としているのが参考になろう。

3 「予備」に達する段階

このような観点から,覚醒剤の製造の予備としてどのような場合がこれに該当するであろうか。

通常の形態によれば,例えば,覚醒剤原料を合成した上で覚醒剤を製造しようとして,覚醒剤原料の製造にとりかかった段階では,たとえそれが覚醒剤の製造に向けられたものであっても,本法上は,「覚醒剤原料」の製造の

実行の着手と認められるとしても，覚醒剤製造罪に関しては，いまだ「予備」にも達しないものと解される。

さらに進んで，覚醒剤を製造する目的で，覚醒剤原料を調達し，製造に必要な触媒となる薬品を準備し，製造のための機械，器具類を備える等の行為を完了すれば，もはや，覚醒剤の製造の実行に着手し得る程度の準備が整えられたものと認められるから，「予備」といえよう。

21 製造罪と資金等提供罪との関係

覚醒剤製造罪と資金等提供罪とはどのような関係にあるか。

〔関係条文〕覚せい剤41条の9，41条1項，2項

1 資金等提供罪の立法趣旨

覚せい剤取締法では，情を知って，覚醒剤の製造（営利の目的の有無を問わない）に要する資金，土地，建物，艦船，航空機，車両，設備，機械，器具又は原材料（覚醒剤原料を除く）を提供し，又は運搬した者を処罰することとしている（法41条の9）。

この資金等提供罪は，本法によって規制される各種の行為のうち，最も悪質な輸入，輸出及び製造については，当該行為やその幇助行為を処罰するだけでは覚醒剤取締りの実効を上げ得ないことに鑑み，資金等提供行為の取締りの強化を図ることを目的に設けられたものである。

この資金等の提供を処罰する規定は，本法のほか，麻薬及び向精神薬取締法（68条，69条の4），あへん法（54条の2）及び大麻取締法（24条の6）にも設けられている。

2 共犯・従犯としての刑責

　資金等提供罪は，このような立法趣旨から設けられたものであるから，覚醒剤を製造するため資金等の提供を受けた者が，製造行為に着手せず処罰されない場合であっても，資金等を提供した者は本罪によって処罰される。他方，資金等の提供を受けた者が現実に製造行為に着手した場合は，資金等の提供者は製造罪の共犯として処罰されることになり，本罪の成立はない。

　実務上，製造に関してではないが，営利目的で覚醒剤の密輸入を企てている者に対しその情を知って資金を貸与したところ，被貸与者が輸入行為を行ったという事案について，判例は「営利の目的をもって覚せい剤を本邦に輸入しようとしている者に対し，この者が右のような計画を立てているのを知りながら，右輸入のため資金を貸与し，これにより被貸与者の覚せい剤輸入を容易ならしめ，その結果被貸与者において覚せい剤を輸入した場合においては，資金貸与者は法41条の7所定の資金提供者の刑責を負うものではなく，法41条1項1号〔現：41条の3第3号〕，2項所定の覚せい剤輸入罪の従犯としての刑責を負うもので，法41条の7の規定はこの場合適用の余地がないと解すべきである」（東京高判昭52・11・5刑月9・11=12・803）としており，同様の見解に立っている。

3 資金等提供罪の成立要件

　ところで，この資金等提供罪の法定刑は5年以下の懲役とされているのに対し，輸入，輸出及び製造罪のそれは1年以上の有期懲役（営利目的の場合は無期若しくは3年以上の懲役又は情状により1,000万円以下の罰金併科）とされているため，この種事案では，実際には製造等の共同正犯又は幇助犯であるにもかかわらず，単に資金を提供したにすぎない旨の弁解がなされることがある。例えば，輸入事案ではあるが，韓国から覚醒剤を密輸入し，そのうち1kgを受け取る約定の下に，資金として350万円を提供した事案において，単なる覚醒剤の買付資金の提供にすぎず，覚醒剤輸入の共謀共同正犯ではない旨の弁解がなされた例がある。

被疑者からこのような弁解がなされた場合においては，安易に本罪が成立すると速断してはならない。

本罪は，あくまでも本犯に製造罪（未遂）が成立しない場合に適用されるものであることに留意すべきである。

4　判例の動向

近時，ヘロインを製造するのに要する原材料である無水酢酸を含有する液体をアフガニスタン・イスラム共和国へ輸出するために運搬した事案につき，資金等運搬罪の成立が認められたものがある（新潟地裁平30・4・5未登載）。

本事例においては，国外にいると思料されるヘロイン製造業者や製造方法等が特定できていなかったものであるが,本罪の成立が原料等の被提供者(製造業者）に輸入等の罪の既遂罪あるいは未遂罪も成立しない場合に限られ，被提供者が実行の着手に至らなかった場合や，被提供者が特定できない場合こそ本罪により提供者を処罰する意義があることからすれば，被提供者や製造方法等を特定することは本罪の成立要件ではないといえよう。

また，本事例では，量刑の理由として，国際的にもヘロイン製造のための無水酢酸の不正取引などの取締りが，国際連合安全保障理事会での決議等により強化されている状況に鑑みると，一般予防の観点からも厳しい対処が必要である旨指摘されており，実務上参考となる。

第3章 輸入罪

22 輸入罪が特に重く処罰される理由

> 覚醒剤の輸入はなぜ重く処罰されるのか。麻薬の場合と比べてどうか。

〔関係条文〕覚せい剤13条, 41条1項, 2項, 41条の3第1項3号, 4号, 麻薬13, 64条, 別表1

1 禁止規定及び罰則

　覚せい剤取締法は, 13条で「何人も, 覚せい剤を輸入……してはならない」と規定し, 覚醒剤の輸入を絶対的に禁止している。そして, 覚醒剤をみだりに輸入した者については, これを1年以上の有期懲役に処し（法41条1項), また, 営利の目的で輸入した場合は, 無期若しくは3年以上の懲役に処し, 又は情状により1,000万円以下の罰金を併科することとされている（法41条2項）。

2 改正ごとの厳罰化

　ところで, この罰則は, 昭和29年や昭和48年の改正によって懲役刑及び罰金刑の引上げが行われ, 平成2年の改正でもさらに, 罰金刑の引上げが行われた。現行の法定刑は, 覚せい剤取締法違反の各罪の法定刑の中では最も重いものとなっている。この法定刑は, かつて我が国に蔓延したジアセチ

ルモルヒネ（ヘロイン）の輸入罪のそれと同じであり，覚せい剤取締法は覚醒剤の密輸入を「亡国の薬物」とも呼ばれるヘロインの密輸入と同等のものと位置づけ，厳しく罰することとしているのである。

3 国家的脅威

　覚醒剤の輸入罪についてこのように重い刑が定められているのは，覚醒剤の輸入がその製造と同じく，害悪の源となる薬物を我が国内に新たに出現させる行為だからである。つまり，本法は，覚醒剤の濫用による保健衛生上の危害を防止するため，その輸出入，製造，譲渡し，譲受け，所持，使用等の行為を取り締まることとしている（法1条）が，譲渡し，譲受け，所持，使用の各行為はいずれも我が国内に存在する覚醒剤に係るものであるのに対し，輸入行為（輸出行為は外国に新たに濫用薬物を出現させる行為であり，薬物規制に関する世界主義の立場からは輸入行為と同等の評価が妥当する），製造行為は，いずれも我が国内にそれまで存在しなかった覚醒剤を出現させる行為である。よって，これらの行為がなければ覚醒剤の流通も，使用もあり得ないという意味において，まさに覚醒剤濫用の根源をなす行為であり，そこに重い刑を定める根拠を求めることができよう。ちなみに我が国で濫用される覚醒剤のほとんどが外国から密輸入されたものである。

　覚醒剤の水際における取締りの強化が強調されるゆえんでもある。

4 他の薬物犯罪における処罰

　このことは，覚醒剤以外の薬物犯罪についても妥当することであり，前述したヘロイン（麻薬64条）のほか，ヘロイン以外の麻薬（麻薬65条），大麻（大麻24条），あへん（あへん51条），あへん煙（刑136条）についても，輸入行為，輸出行為，製造行為，あるいは栽培行為といった新たに濫用薬物を出現させる行為を，他の行為より重く処罰することとしている。

　また，それ自体は濫用薬物ではないものの，濫用薬物である覚醒剤の原料となる「覚せい剤原料」の輸入・輸出・製造行為についても同様に，他の行

為よりも重い刑が定められている（法41条の3第1項3号，4号）。

23 輸入の意義と輸入罪の既遂時期

> 覚醒剤の輸入とはどのような行為をいうのか。既遂時期をめぐってどのような見解があるか。

〔関係条文〕覚せい剤41条，関税2条1項1号

1 輸入罪の構成要件

覚せい剤取締法41条は，覚醒剤をみだりに本邦に輸入する行為を処罰することとしているので，覚醒剤についての輸入罪が成立するためには，犯人の行為が同罪の構成要件である「覚醒剤を輸入する行為」に該当することが必要である。

2 「輸入」の解釈

本法は，この「輸入」の意義について定義規定を設けておらず（関税法では同法2条1項1号に定義規定がある），その意義は解釈によって定まることになる。

まず，一般的に「輸入」とは「国外から我が国内へ物品を搬入すること」と解して差し支えない。問題は，この我が国内の区域や境界線をどのように解するのが相当かである。その考え方の相違によって，「どの段階に至ったときに我が国内に搬入された（既遂）と解し得るのか」について見解が分かれるからである。

上記の見解を大別すると，まず陸路による密輸入の場合については，「国境線を踰越して我が国内へ搬入した時点」と解する見解が支配的であり，判例（大判昭8・7・6刑集12・13・1125等）でもある（ただし，我が国の現状では陸路による輸入は事実上存在しないとされる）。

海路又は空路による場合は，
(1) 「覚醒剤を搭載した船舶（航空機）が我が国の領海（又は領空）に入った時点」――いわゆる領海（空）説
(2) 「覚醒剤を搭載した船舶(航空機)が我が国領土内に到着した後，覚醒剤を機外へ搬出できるような状態になった時点」――いわゆる搬出可能説
(3) 「船舶から覚醒剤を我が国領土内（保税区域か否かを問わない）へ陸揚げした時点又は航空機の場合は機内から地上へ持ち出された時点」――いわゆる陸揚げ説
(4) 「船舶の場合は陸揚げ説と同様であるが，航空機の場合は航空機が空港等領土内に到着した時点」――いわゆる到着時説
(5) 「保税地域等税関の支配・管理が及んでいる地域を経由する場合は，貨物が同地域内へ陸揚げされただけでは足りず，同地域外へ搬出された時点」――いわゆる関税線説

とする5つの見解に分けることができよう。

3 既遂時期の判断

　これらの各見解のうち，通説・判例は(3)の陸揚げ説である。すなわち，最判昭58・9・29（刑集37・7・1110）は，「覚せい剤輸入罪は，……覚せい剤を船舶から保税地域に陸揚げし，あるいは税関空港に着陸した航空機から覚せい剤を取りおろすことによって既遂に達する」旨判示して，陸揚げ説をとっている。したがって，実務上はこの見解をもとに輸入の既遂について判断することが相当である。

24　船舶による輸入罪の既遂時期

　船舶による輸入罪の既遂時期をどう考えたらよいか。

〔関係条文〕覚せい剤41条1項，関税29条

1 既遂時期の解釈

　覚醒剤輸入罪の既遂時期をどの時点と解するかについては，種々の見解があるが，基本的には通説・判例の立場をとり，陸揚げ説の見解によることが実務上も相当であろう。

2 「陸揚げ説」による解釈

　そこで，陸揚げ説に従い，外国で覚醒剤を漁船に積載し我が国に向けて出航した場合，どの時点で輸入罪が成立するかを考えると，我が国の領土に接岸等した後，現実に覚醒剤が船舶から領土内へ搬入された時点（陸揚げ）に既遂となると解するのが相当である。

　陸揚げ説をとる判例としては，最判昭58・9・29（刑集37・7・1110）が，「覚せい剤輸入罪は，……覚せい剤を船舶から保税地域に陸揚げし，あるいは税関空港に着陸した航空機から覚せい剤を取りおろすことによって既遂に達する」と判示し，最決平13・11・14（刑集55・6・763）が，「覚せい剤を船舶によって領海外から搬入する場合には，船舶から領土に陸揚げすることによって，覚せい剤の濫用による保健衛生上の危害発生の危険性が著しく高まるものということができるから，覚せい剤取締法41条1項の覚せい剤輸入罪は，領土への陸揚げの時点で既遂に達すると解するのが相当」と判示している。

　陸揚げ説は，現実に我が国領土内に覚醒剤が持ち込まれた時点で，覚醒剤の通流・拡散や濫用等の危険が具体化，顕在化すると解するところから，その時点をもって輸入の既遂と認める見解であり，説得力がある上，行為が比較的明確で，既遂か否かの識別が容易であること及び取締り上も便宜であること等の利点をもっている。

　したがって，陸揚げ説によれば，我が国の港に入港接岸した船舶内に覚醒剤を隠匿所持していたが，いまだ陸揚げに至らないうちに取締機関に発見された場合，輸入の未遂罪の成否が問題となる（東京地判平12・4・13判タ1074・261参照）。

3 陸揚げ地と保税地域の関係

ところで,陸揚げした地域が我が国領土内であるならば,そこが税関の管理する関税法29条の保税地域であっても,直ちに輸入の既遂になると解してよいであろうか。

覚せい剤取締法上の輸入罪は,我が国領土への陸揚げによって成立し,その地域が保税地域か否かによって左右されないと解するから,たとえ陸揚げ地が保税地域であっても本法上の輸入罪は陸揚げそのものによって既遂に達するとするのが通説・判例(前掲最判昭58・9・29,東京高判昭52・3・2高刑集30・1・137,東京高判昭53・12・11等)である。

4 「陸揚げ」による既遂

したがって,覚醒剤を税関の支配が及んでいない,例えば,開港以外の海岸線に陸揚げする場合はもちろん,開港に設けられた保税地域等税関の支配が及んでいる地域へ覚醒剤を陸揚げした場合(例えば,商業貨物の中に覚醒剤を隠匿して陸揚げした場合や船客又は乗組員が覚醒剤を隠匿携帯したまま上陸した場合)であっても,陸揚げによって本法上の輸入罪は既遂となると解してよい。

25 航空機による輸入罪の既遂時期

> 航空機による輸入罪の既遂時期をどう考えたらよいか。

〔関係条文〕覚せい剤13条,41条,大麻4条1項1号,24条

1 輸入罪の成立

覚せい剤取締法上の輸入罪は,船舶による場合を考えると,船舶から我が

国領土へ陸揚げした時点で既遂と解するのが通説・判例である。

そして，この理を航空機による輸入罪の場合に置き換えてみると，陸揚げ行為は，通常，航空機から覚醒剤を地上に持ち出す行為を指すと理解するのが相当である。

したがって，航空機に積み込まれた覚醒剤を隠匿した貨物が地上に持ち出された時点とか，乗組員や乗客が覚醒剤を隠匿携帯したまま地上に降りた時点で，それぞれ輸入罪は既遂となると解するのが相当である。

これに関する判例として，最判昭58・9・29（刑集37・7・1110）が，「覚せい剤を船舶から保税地域に陸揚げし，あるいは税関空港に着陸した航空機から覚せい剤を取りおろすことによって既遂に達するものと解するのが相当である。けだし，関税法と覚せい剤取締法とでは，外国からわが国に持ち込まれる覚せい剤に対する規制の趣旨・目的を異にし，覚せい剤取締法は，覚せい剤の濫用による保健衛生上の危害を防止するため必要な取締を行うことを目的とするものであるところ（同法1条参照），右危害発生の危険性は，右陸揚げあるいは取りおろしによりすでに生じており，通関線の内か外かは，同法の取締の趣旨・目的からはとくに重要な意味をもつものではないと解されるからである。」と判示し，また，大麻輸入罪の既遂時期について，最決昭58・12・21（刑集37・10・1878）は，大麻の「輸入罪については，大麻を税関空港に着陸した航空機から取りおろし，あるいは船舶から保税地域に陸揚げすることによって成立する」旨判示している。

2　既遂となる時点の考察

したがって，例えば，X・Yが共謀の上，米国在住のYが大阪在住のX宛に覚醒剤を米国発成田経由大阪国際空港着便の航空機に載せて送付したところ，覚醒剤入り貨物は成田で地上へ持ち出されることなく，大阪空港で地上へ降ろされた後に発見された場合には，同空港で地上へ持ち出された時点で，輸入が既遂になると解するのが相当である。

26 保税地域への陸揚げと輸入罪の成否

> 覚醒剤を保税地域からさらに，我が国内へ引き取る意図が最初からない場合でも，保税地域への陸揚げ（搬入）をもって，覚せい剤取締法上の輸入罪は成立するか。

〔関係条文〕関税29条，2条1項1号

1 保税地域への陸揚げ

覚醒剤の密輸入を企てる者は，通常，①我が国の税関が置かれている開港（空港を含む）以外の場所において，密かに覚醒剤を陸揚げする方法をとるほか，②我が国税関が管理・支配している開港において，例えば，覚醒剤を隠匿した貨物を通関手続に則って，まず保税地域（関税29条）に陸揚げし，その後正規の貨物である旨の申告等を行って税関の許可を得た上，保税地域から我が国内に引き取り（搬入し），税関の支配を離れて国内を流通等させる方法をとることが多い。

そこで，②の方法による輸入の場合に，覚醒剤を我が国の保税地域に一旦陸揚げするものの，それを同地域から我が国内へ引き取る気持ちがない場合（例えば，保税地域に置いたままさらに外国へ輸出する場合等）であっても，保税地域への陸揚げをもって覚せい剤取締法上の輸入（既遂）が成立するかという問題が起こる。

2 輸入の成立

ところで，関税法上の輸入とは「外国から本邦に到着した貨物……を本邦に（保税地域を経由するものについては，保税地域を経て本邦に）引き取ること」と定められている（同法2条1項1号）。また，保税地域においては税関による実力的支配が及んでいて物の自由な流通が行われず，輸入本来の目的はいまだ達せられていないこと等を理由に，本法上の輸入も関税法上の輸入

同様，保税地域を経由する場合は同地域から搬出された時点で既遂となると解する見解（麻薬等に関し，東京地判昭 50・12・25 刑月 7・11＝12・977）があり，この見解に立つと保税地域への陸揚げ行為だけでは本法上の輸入（既遂）が成立しないことは明らかである。

3 通説・判例の見解

しかし，通説・判例（麻薬等に関し東京高判昭 52・3・2 高刑集 30・1・137〔前掲東京地判昭 50・12・25 の控訴審〕，覚醒剤に関し最判昭 58・9・29 刑集 37・7・1110，東京高判昭 53・12・11 東京速報 2322，東京地判昭 50・1・30 未登載）は，本法上の輸入の意義は，同法の立法趣旨に従って解釈されるべきであり，関税法上のそれとは別異に解する合理的理由があるとして，保税地域の内外を問わず，我が国領土への陸揚げをもって輸入の既遂と解する見解（いわゆる陸揚げ説）をとる旨明らかにしている。

覚醒剤の輸入に伴う害悪発生の危険性は少なくとも我が国領土内へ搬入された段階で顕在化しており，その段階で輸入の既遂を認め，保税地域か否かにかかわらずいち早い規制を行う必要性等を考慮すると妥当な見解である。

4 結 論

したがって，通説・判例に従い，たとえ（陸揚げ地が）保税地域であっても，また保税地域からさらに引き取る意思がない場合であっても，我が国領土に覚醒剤を陸揚げした以上，本法上の輸入罪（既遂）は成立すると解するのが相当であろう。

27 覚醒剤を持って出国し，それを持ち帰った場合の輸入罪の成否

> 覚醒剤を携帯所持して出国し，それを再び我が国に持ち帰った場合でも，覚せい剤取締法上の輸入罪は成立するか。

〔関係条文〕関税 109 条, 2 条 1 項 1 号, 111 条 2 項, 関税定率 14 条 10 号, 覚せい剤 13 条, 41 条

1 輸入罪成否の検討

設問の場合は, もともと我が国内で所持していた覚醒剤を外国に持ち出したものの, そのまま我が国に持ち帰った場合であるから, 外国から新たな覚醒剤を密輸入した場合と異なり, 覚せい剤取締法の輸入罪に該当しないのではないかとの疑問が生ずる場合である。

そこで, 裁判例（大阪地判昭 52・2・28 判タ 349・280）をもとに, その成否を検討することとする。この事案は, 被告人が外国旅行の際に覚醒剤を携帯して出国し, 再び我が国に持ち帰り, 通関の時点で税関職員に発見された事案である。ただ, この判例は改正前の関税法当時の事案を対象としているため, 以下の 2 の判示は, 現在の同法では禁制品輸入罪（同法 109 条）の未遂が成立することになるので, この点に留意する要がある（28参照）。

2 関税法による成否

まず, 前記裁判例は, 関税法上の無許可輸入罪の成否について, 関税法上の輸出, 輸入の定義規定（同法 2 条 1 項 1 号）では, 輸出品を再び我が国に搬入する場合を, 明示的に輸入の定義から除外していないこと, また, 関税定率法 14 条 10 号本文が本邦から輸出された貨物でその輸出の許可の際の性質及び形状が変わっていないものを本邦に搬入することが輸入に該当することを前提として関税を免除する場合を規定していることなどに照らし, 我が国から一旦外国へ搬出したものを再び我が国に搬入する場合も関税法上の輸入に該当する旨判示し, 設問の場合は, 空港旅具検査場において, 覚醒剤の所持を秘匿して通関しようとして発見されその目的を遂げなかったとして, 無許可輸入罪の未遂（関税 111 条 2 項）を認定している。

妥当な判決であると解される。したがって, もし発見されずに通関した場合は同罪の既遂が成立することになる。

3 覚せい剤取締法による成否

次に，本法上の輸入罪の成否について，前記裁判例は，本法上の輸出，輸入については，何人もこれを禁止されており（法13条），また，我が国から国外に搬出された覚醒剤が再び我が国に搬入された場合についても輸入というべきか否かの判断の準拠となる規定は見当たらないが，同法が覚醒剤の濫用による保健衛生上の危害防止のための取締法規であるとの立法目的に照らすと，関税の処理と輸出入手続の適正を図ることを目的とした関税法上の取扱いに比べ，これを厳しく解すべき必要こそあれ，緩やかに解すべき何らの根拠もない旨判示した上，本法上の輸入罪の既遂（法41条1項，2項）の成立を認めている。

本法上の輸入罪の立法趣旨等に照らし，妥当であろう。

28 輸入罪の未遂と予備

> 輸入罪の未遂や予備はどのような場合に成立するか。

〔関係条文〕覚せい剤41条，41条の6，刑43条

1 予備・未遂・既遂への処罰規定

一般に犯罪行為を時間的経過に従って大別すると，予備，未遂，既遂の3段階に区分され，未遂と予備は特にそれを罰する旨の規定があるときに限り処罰される。

そして，覚せい剤取締法は，覚醒剤の輸入に関して既遂（法41条1項，2項）はもとより，未遂（法41条3項）と予備（法41条の6）についても処罰する旨定めている。

2 輸入罪の既遂

そこで，我が国に密輸入する目的で，船舶に外国で購入した覚醒剤を隠匿し我が国領海内に入ったものの，陸揚げ準備前に発見押収された場合，何罪が成立するかについて検討することとしたい。

まず輸入罪の既遂は，通説・判例によれば船舶から覚醒剤が我が国領土に陸揚げされた時点に既遂となると解されているから，設問ではいまだ既遂に達していないことは明らかである。

3 輸入罪の未遂・予備

次に，輸入罪の未遂あるいは予備が認められるかどうかについて考える。

さて，未遂とは，犯罪の実行に着手しながら完成に至らなかった場合（刑43条）であり，また，予備とは，犯罪の実行に着手する以前の準備行為であるから，実行の着手が認められるか否かによって，未遂となるか予備にとどまるかの相違が出てくることになる。

ところで，実行の着手とは，実質的には犯罪を実現するについて現実的な危険性を含む行為が行われたとき，すなわち実行行為自体あるいはこれと密接する行為が行われたときであり，それを輸入罪の実行の着手に当てはめてみると，陸揚げあるいは陸揚げに向けてこれに密接した行為を開始した時点で，実行の着手があると解すべきである。

大阪高判昭58・12・7（刑月15・11=12・1184）は，覚醒剤輸入罪の実行の着手時期につき，「陸揚げにとりかかり，又は，これに密接する行為を行ったときは，その実行の着手があったものと解すべきである。」とした上，「船倉内……に本件覚せい剤……を隠匿し，同船が……岸壁に接岸した後は税関による検査を受けることなく，容易にこれを携帯して上陸できる状態にあったばかりでなく，更にそのうえ，……同船接岸後同日上陸の上，本邦内の荷受人と会ってその受渡しの日時，場所，方法等を具体的に打合せ，かつ，同人に同船及び受渡し場所等を案内して見分させる等し，同日同人と別れて帰船後，自らも懐中電灯を用意するなどして，いつでも船倉内からこれを取出

し得る態勢を整えていたのであるから，遅くとも右段階において覚せい剤輸入罪の実行の着手があったと認めるべきである。」旨判示しており，参考となろう。

したがって，設問の場合は，船舶に外国で購入した覚醒剤を隠匿し，我が国領海内に入ったものの，陸揚げ準備前に発見押収されたのであるから，覚醒剤輸入罪の実行に着手したとはいえず，予備が成立するにとどまることになる。もちろん，この場合には輸入罪の予備のほか，領海内であるから覚醒剤の所持罪が成立することになる。

29 輸入に伴う関税法上の犯罪

> 覚醒剤を密輸入した場合に，関税法上どのような犯罪が成立するか。

〔関係条文〕関税118条3項，111条，110条等

1 覚醒剤輸入と関税法

従前，覚醒剤は関税法118条3項に規定する輸入制限貨物等とされており，その輸入に当たっては，関税法の輸入許可手続を要し，その許可を受けないで覚醒剤を輸入したときは，無許可輸入罪（同法111条）及び関税ほ脱罪（同法110条）が成立し，これらの罪と覚せい剤取締法の覚醒剤の輸入罪は観念的競合の関係に立つものとされていた。

2 法改正と覚醒剤の位置づけ

しかしながら，平成元年法律第13号による関税定率法の改正によって，覚醒剤は，覚醒剤原料及び大麻とともに輸入禁制品とされ（同法21条1項1号），同改正後は，関税法上，覚醒剤の密輸入行為は禁制品輸入罪（同法109条）を構成し，関税ほ脱罪は成立しないことになった。

そして，平成18年法律第17号による改正後の関税法により，覚醒剤は，同法上輸入してはならない貨物と位置づけられることとなったが（同法69条の11第1項第1号），その違反行為に係る処罰規定は従来と同じであり，その法定刑は，10年以下の懲役若しくは3,000万円以下の罰金に処せられ，又はこれを併科されることとなる（同法109条）。

3　禁制品輸入罪の既遂時期

ところで，覚醒剤を密輸入する行為には，保税地域を経由して行われる場合と，保税地域を経由しないで行われる場合とがあるが，関税法及び関税定率法上，「輸入」とは，外国から本邦に到着した貨物を本邦に（保税地域を経由するものについては，保税地域を経て本邦に）引き取ることをいうとされており（関税2条1項1号，関税定率2条），また，判例は，保税地域を経由しない貨物の密輸入に関し，引取りとは「正当な通関手続を経ないで外国貨物を本邦に陸揚げすること」としている（最決昭33・10・6刑集12・14・3221）。

したがって，関税法上の禁制品輸入罪の既遂時期は，保税地域を経由する場合と，経由しない場合とで異なり，前者の場合は，保税地域から本邦に引き取られたとき（携帯輸入の場合は旅具検査場を通過したとき），後者の場合は，覚せい剤取締法の輸入罪の既遂時期と同じく，陸揚げしたときに既遂に達することになる。

4　罪数関係

覚醒剤を密輸入した場合の，覚せい剤取締法上の輸入罪と関税法上の禁制品輸入罪の罪数関係についてであるが，保税地域を経由しない場合は，いずれも陸揚げによって既遂に達するので観念的競合の関係に立つことについて異論はないであろう。

しかしながら，保税地域を経由するものについては，その既遂時期が異なり，かつては併合罪の関係に立つとするのが実務の運用の一般であったが，

最判昭58・9・29（刑集37・7・1110）がそれまでの高裁判例を変更して，「外国から船舶又は航空機によって覚せい剤を右地域に持ち込み，これを携帯して通関線を突破しようとする行為者の一連の動態は，法的評価をはなれ構成要件的観点を捨象した自然的観察のもとにおいては，社会的見解上1個の覚せい剤輸入行為と評価すべきものであ（る）」とし，この場合も両者は観念的競合の関係に立つと判示して以来，実務の運用もそのようになされている。

30 輸入罪と共謀共同正犯

> 輸入罪について共謀共同正犯が認められるのはどのような場合か。

〔関係条文〕覚せい剤41条1項，2項，41条の9，関税109条1項1号，刑60条，62条

1 幇助犯か共同正犯か

具体的事例に即し，例えば「Xは，Yから外国で覚醒剤を入手し我が国に搬入することを打ち明けられ，この覚醒剤の一部を引き取る約束の下に買付資金を提供し，Yは約束どおりに覚醒剤を我が国に輸入した。Xにどのような犯罪が成立するか」について検討する。

この場合，Yは，覚醒剤の密輸入を実行しているから，覚せい剤取締法上の輸入罪（法41条1項，2項）及び関税法上の禁制品輸入罪（関税109条1項1号）が成立することに異論はないと思われる。

問題は，輸入の実行そのものに直接関与しないXの罪責である。Xが，Yの幇助犯（刑62条）にとどまるのか，あるいは共謀共同正犯として，Yの実行行為に直接加担しなくても共同正犯（刑60条）としての責任を負うのかが問題の中心である。

2 共謀共同正犯の認定手法

　共謀共同正犯とは,「2人以上の者が犯罪の共同遂行について合意し, そのうちある者が合意に基づいて実行した場合, それに加わらなかった他の者も共同正犯の責を負うべきである」とする理論である。そして, 共謀は共犯者間で形成された犯罪の共同遂行に関する合意であり, その認定に際しては, 単に被告人と実行者との間の犯罪実行についての意思連絡ないし合意の存否だけでなく, 共謀者と実行行為者との人的関係, 被告人の犯行動機, 被告人が犯行において果たした役割などに着目し, 被告人が実行者を通じて犯罪を実行したと認めるに足りる状況がある場合に共謀共同正犯の成立を認めるのが一般である（最判昭33・5・28刑集12・8・1718, 最決昭57・7・16刑集36・6・695参照）。また, 未必的故意しか認められないときでも共謀は成立し得る（最決平19・11・14刑集61・8・757参照）。

　なお, 名古屋地判昭55・11・18（警察実務重要裁判例昭57年版126頁）は, 同種の事案につき「Aは, 被告人から提供された350万円によって, 外国で1kg以上の覚せい剤を買いこっそり日本国内に持ち込み, その覚せい剤のうちから1kgを優先的に被告人に引渡す意思であり, 被告人も, Aが外国へ覚せい剤を買い付けに行く資金として350万円を提供することにより, 同人が日本国内に持ち込む覚せい剤のうちから1kgを当然に取得することを相互に了解していたことがうかがわれるから, 被告人とAとの間には, 共同意思の下に一体となり, Aらの行為によって, 外国から覚せい剤を密輸入しようとの各自の意思を実行する謀議があったと認めるのが相当である」旨判示し, 謀議の存在を認めている。この理は本事例についても当てはまるところであり, 謀議が認められ, Yの実行行為（輸入）が終了している以上, Xは, 共同正犯者としてY同様の輸入罪等が全て成立すると解される。

3 共謀の認定

　近時の判例として, 最決平25・4・16（刑集67・4・549）は, 覚醒剤密輸入事件における故意及び共謀の認定に関し,「被告人が犯罪組織関係者の

指示を受けて日本に入国し，覚せい剤が隠匿された輸入貨物を受け取ったという本件において，被告人は，輸入貨物に覚せい剤が隠匿されている可能性を認識しながら，犯罪組織関係者から輸入貨物の受取を依頼され，これを引き受け，覚せい剤輸入における重要な行為をして，これに加担することになったということができるのであるから，犯罪組織関係者と共同して覚せい剤を輸入するという意思を暗黙のうちに通じ合っていたものと推認されるのであって，特段の事情がない限り，覚せい剤輸入の故意だけでなく共謀をも認定するのが相当である。」と判示しており，覚醒剤密輸入事案における故意及び共謀の事実認定の手法について参考となるものと考えられる。輸入の対象が覚醒剤である可能性を認識しながら，当該貨物の受取の依頼がなされ，これを引き受けたのであれば，経験則に照らして，暗黙のうちに覚醒剤輸入という犯罪を共同して行う意思を通じ合ったといえよう。なお，本件の控訴審判決が採用し，本決定も是認した推認の際に適用されている経験則の内容については，「故意を有する関与者が犯罪の遂行において共謀相手とされる者から依頼を受け，上記のような重要な役割を引き受けてわざわざ渡来しておきながら，意思の連絡などによる結びつきを欠いて共謀関係に至っていないというのは，ふつう考えにくい」との寺田裁判官補足意見が参考となろう。

なお，実務では，Xが実質の首謀者でありYが単なる運び屋である場合が少なくないのに，Xが刑責を軽くするため，謀議の存在を否認し「国内における買付人であって買受代金の前渡しをしただけ」とか，「単なる資金提供者である」とか弁解して幇助犯にすぎない旨を強弁する場合がある。

その場合はXとYとの役割分担の実情，謀議の内容の解明等に留意し，Xが共謀共同正犯であることの立証に努めることが肝要であろう。

31 輸入罪等と資金等提供罪との関係

> 輸入罪等と資金等提供罪との関係はどうか。

〔関係条文〕覚せい剤41条の9，刑62条

1 予備罪の認定

具体的事例に即し，例えば「Xは，Yから『外国で覚醒剤を購入し我が国に搬入したいので買付資金を貸してもらいたい』旨依頼され現金500万円を貸与した。Yはこの500万円を持参して外国に赴いたが，手違いで覚醒剤を入手できずあきらめて帰国した。Xにどのような犯罪が成立するか」について検討する。

この場合，Yは外国における覚醒剤の輸出罪の実行にも，また本邦内への覚醒剤の輸入罪の実行にも着手しておらず，外国における輸出罪及び本邦への輸入罪の既遂罪はもとより未遂罪も成立しない。ただ，YはXから覚醒剤の購入資金を借用し，外国において覚醒剤を入手して，これを外国から持ち出して我が国に持ち込むため当該外国に赴いているのであるから，外国からの輸出罪及び本邦への輸入罪の予備罪の成立は認められるであろう。

2 資金等提供罪の成否

では，Xの罪責はどうであろうか。

まず，Xの資金貸与行為につき，Yの外国からの輸出罪，本邦への輸入罪の幇助罪（刑62条）が成立しないかが問題となるが，正犯者であるYに外国からの輸出罪，本邦への輸入罪についての実行の着手が認められない以上，これらの幇助罪も成立しない。

次に，覚せい剤取締法41条の9は，情を知って，覚醒剤の輸入，輸出，製造の各罪に当たる行為に要する資金，土地，建物，艦船，航空機，車両，設備，機械，器具又は原材料（覚醒剤原料を除く）を提供し，又は運搬した者を処罰することとしているが，これは，いわゆる独立幇助犯としての資金等提供罪を定めたものであり，輸入等の実行正犯がその実行に着手しなかった場合に限り，資金等の提供等の行為を独立して処罰しようとするものである（東京高判昭52・11・5東京速報2267）。

そこで，Xについて資金等提供罪の成否を検討してみると，「情を知って」とは，資金等の提供者等が，資金等の提供等をする際に，実行正犯がそれを輸入等の資金とすることを知っていることであり，「提供」とは，貸与，贈与等事実上，実行正犯の利用に供する行為を指称すると解されるから，Xの前記行為は資金等提供罪を構成することになる。実行正犯者であるYは，覚醒剤の外国からの輸出，本邦への輸入のいずれについてもその実行には着手していないものの，Xは，資金等提供罪で処罰されることになる。

3 独立罪

ところで，Yには，前述のとおり外国からの輸出罪と本邦への輸入罪の予備罪が成立することから，Xには，資金等提供罪のほか，Yの予備罪の共犯（幇助犯）の成否が問題となるが，資金等提供罪は輸入，輸出及び製造の幇助行為のうち特に悪質な資金等の提供行為等を独立罪として重く処罰しようというものであるから，このような場合は資金等提供罪のみが成立すると解すべきであろう。

32 運び屋等が覚醒剤不知と弁解した場合の立証方法

> 覚醒剤の運び屋等が，「覚醒剤であることを知らなかった」旨弁解した場合の立証をどうするか。

〔関係条文〕覚せい剤13条，41条

1 認識の有無と輸入罪の成否

覚醒剤の輸入罪（法41条）は，覚醒剤であることを知りつつそれを我が国内に搬入することによって成立する。覚醒剤の認識に欠ける場合は，輸入罪は成立しない。

そこで，覚醒剤の運び屋等は，真実は覚醒剤であることを知りつつも，「運

んだ物の中身が覚醒剤であることは知らなかった」，また，「別の品物と思っていた」等とその認識を否認することがある。したがって，この種の運び屋等を取り調べるに当たっては，ねばり強く説得して覚醒剤であることを知っていた事情について具体的に供述させる必要がある。しかし，その認識を合理的理由もなしにあくまで否認する者に対しては，客観的な情況証拠を収集して，真実は認識があったことを立証する必要がある。

2 認識の立証

では，「覚醒剤であることを知らなかった」と否認された場合にどのような情況証拠を収集することが妥当なのであろうか。その意味で次の判例が参考となる。

東京高判昭54・5・28（東京速報2355）は，目的物が覚醒剤であることの認識がなかったとの主張に対し，①被告人が船員として，約20回以上も日本と韓国の間を往復していること，②Aから本件物品の運搬を依頼された際，覚醒剤である旨告げられてはいないにしても，日本では禁制品であり正規の手続では輸入できないものであることを聞かされた上「韓国の人ですか」と言ってくる人物に手交するよう依頼されていること，③腹部，腰背部の肌に直接ガムテープで貼り付けて隠匿していること，④本件物品は，見ることはできなかったが，被告人は何度もそれに触れ，それが柔らかい粉末状のパサパサしたものであることを承知していたこと，⑤被告人の月収は約9万ウォンであるのに，本件物品の運搬には30万ウォンの報酬が約束されていたことのほか，⑥逮捕時及び勾留中の同房者との対応においても本件物品が覚醒剤であることを承知しているふしが窺われること，⑦被告人は，それでは何であると思ったかについては捜査段階及び原審公判廷においては何ら供述せず，当審公判廷において工場関係のサンプルと思った旨いかにも不自然な供述をするにすぎないこと等の状況を総合して，本件犯行の際，被告人は本件物品が覚醒剤であると認識していたものと認めるのが相当である旨判示している。

なお，この認識の程度については，「被告人は，本件物件を密輸入して所

持した際，覚せい剤を含む身体に有害で違法な薬物類であるとの認識があったというのであるから，覚せい剤であるかもしれないし，その他の身体に有害で違法な薬物であるかもしれないとの認識はあったことに帰する。そうすると覚せい剤輸入罪，同所持罪の故意に欠けるところはない」とした最決平2・2・9（判時1341・157）及びその第一審である東京地判昭63・10・4（判時1309・157）が参考になる。

33 回収措置に関する経験則

> 携行輸入型の覚醒剤密輸入事案における「回収措置に関する経験則」とは何か。

〔関係条文〕覚せい剤41条2項，関税69条の11第1項1号

1 問題の所在

覚醒剤密輸入事案では，キャリーケースに入れるなどして運搬した覚醒剤の認識や密輸組織関係者との共謀を否認する事案が多く見受けられるところ，この種事案は，通常，来日外国人によってなされるため，共謀や犯意（知情性）を基礎づける証拠や被告人の弁解を排斥する証拠の収集に困難を来したりすることが多く，いかにしてそれらのいわゆる主観的要素を立証するかが実務上の課題となっている。

2 「回収措置に関する経験則」の内容等

最決平25・10・21（刑集67・7・755）（以下「本決定」という）は，いわゆる携行輸入型（薬物が隠匿された荷物を海外から携行して持ち込むもの）の薬物密輸入事案における共謀や薬物の知情性に関する経験則等を示しており，前記問題の所在を検討する上で，実務上参考となると思われるので紹介する。

(1) 事案の概要

　ベナン共和国からフランス経由で成田空港から本邦に到着した被告人（ウガンダ共和国在住のイギリス人）が，ベナンの空港において機内預託手荷物として預け，成田空港税関の旅具検査場において，本邦内に持ち込んだスーツケース（以下「本件スーツケース」という）内に，覚醒剤2481.9グラム（以下「本件覚醒剤」という）が隠匿されているのが発見（本件スーツケースの両側面部の内張内部に，黒色シート，粘着テープ等により2包に小分けされた状態）されたため，氏名不詳者らと共謀の上，営利の目的で，本件覚醒剤を密輸入したものとして，覚せい剤取締法違反（営利目的輸入）及び関税法違反（禁制品輸入未遂）の罪により起訴された事案である。

(2) 被告人の弁解

　日本への主な渡航目的は，自動車とパソコン，GPSユニットを購入するためであり，本件スーツケースは，ウガンダを出発する前に，臨時に雇ったメイドに本件スーツケースの購入と衣類等の詰め込みを依頼し，そのまま携帯してきたもので，本邦に入国するまでその内容物に手を触れておらず，本件覚醒剤の隠匿につき思い当たる人物は，同メイド以外になく，また，ベナンで運転手として雇ったことのある人物がこれを回収する約束であった可能性があるなどと主張した。

(3) 「回収措置に関する経験則」について

　本決定は，「本件覚せい剤の量や隠匿態様等に照らし，本件密輸には覚せい剤密輸組織が関与していると認められるところ，原判決が説示するとおり，密輸組織が多額の費用を掛け，摘発される危険を冒してまで密輸を敢行するのは，それによって多額の利益が得られるからに他ならず，同組織は，上記利益を実際に取得するべく，目的地到着後に運搬者から覚せい剤を確実に回収することができるような措置を講じるなどして密輸を敢行するものである。そして，同組織にとってみれば，引き受け手を見付けられる限り，報酬の支払を条件にするなどしながら，運搬者に対して，荷物を引き渡すべき相手や場所等を伝えたり，入国後に特定の連絡先に連絡するよう指示したりするなど，荷物の

回収方法について必要な指示等をした上，覚せい剤が入った荷物の運搬を委託するという方法が，回収の確実性が高く，かつ，準備や回収の手間も少ないという点で採用しやすい密輸方法であることは明らかである。これに対し，そのような荷物の運搬委託を伴わない密輸方法は，目的地に確実に到着する運搬者となる人物を見付け出した上，同人の知らない間に覚せい剤をその手荷物の中に忍ばせたりする一方，目的地到着後に密かに，あるいは，同人の意思に反してでもそれを回収しなければならないなどという点で，準備や実行の手間が多く，確実性も低い密輸方法といえる。そうすると，密輸組織としては，荷物の中身が覚せい剤であることまで打ち明けるかどうかはともかく，運搬者に対し，荷物の回収方法について必要な指示等をした上で覚せい剤が入った荷物の運搬を委託するという密輸方法を採用するのが通常であるといえ，荷物の運搬の委託自体をせず，運搬者の知らない間に覚せい剤をその手荷物の中に忍ばせるなどして運搬させるとか，覚せい剤が入った荷物の運搬の委託はするものの，その回収方法について何らの指示等もしないというのは，密輸組織において目的地到着後に運搬者から覚せい剤を確実に回収することができるような特別な事情があるか，あるいは確実に回収することができる措置を別途講じているといった事情がある場合に限られるといえる。したがって，この種事案については，上記のような特段の事情がない限り，運搬者は，密輸組織の関係者等から，回収方法について必要な指示等を受けた上，覚せい剤が入った荷物の運搬の委託を受けていたものと認定するのが相当である。」と判示し，「回収措置に関する経験則」を肯定した。

(4) 「回収措置に関する経験則」の当てはめ

前記特段の事情の有無について，「日本における確実な回収措置等の有無について見ても，被告人に同行者がいなかったことや，日本到着時に宿泊先のホテルの予約がされておらず，被告人自身，日本において誰かと会う約束もなく，日本における旅程も決めていなかったと述べていることなどに照らすと，密輸組織がそのような被告人から本件覚せい剤の回収を図ることは容易なことではなく，日本到着後に被告人から本件

覚せい剤を確実に回収できるような特別の事情があるとか，確実に回収することができる措置が別途講じられていたとはいえない。そうすると，本件では，上記の特段の事情はなく，被告人は，密輸組織の関係者等から，回収方法について必要な指示等を受けた上，本件スーツケースを日本に運搬することの委託を受けていたものと認定するのが相当である。」と判示した。

(5) 被告人の犯意（知情性）について

本決定は，被告人の違法薬物が本件スーツケース内に隠匿されていたかの認識（知情性）について，「（控訴審判決は）被告人の来日目的は本件スーツケースを日本に持ち込むことにあり，また，被告人の渡航費用等の経費は密輸組織において負担したものと考えられるとし，さらに，そのような費用を掛け，かつ，発覚の危険を冒してまで秘密裏に日本に持ち込もうとする物で，本件スーツケースに隠匿し得る物として想定されるのは，覚せい剤等の違法薬物であるから，被告人において，少なくとも，本件スーツケースの中に覚せい剤等の違法薬物が隠匿されているかもしれないことを認識していたと推認できるとし，このような推認を妨げる事情もないとしているが，この推認過程や認定内容は合理的で，誤りは認められない」と判示し，控訴審の判断を支持して，被告人の犯意を肯定した。

3 本決定の意義

本決定は，携行輸入型の薬物密輸入事案においては，「特段の事情」（密輸組織において目的地到着後に運搬者から覚醒剤を確実に回収することができるような特別の事情があるか，あるいは確実に回収することができる措置を別途講じているといった事情）がない限り，運搬者は，密輸組織の関係者等から，回収方法について必要な指示等を受けた上，覚醒剤が入った荷物の運搬の委託を受けていたものと認定するのが相当であるとして「回収措置に関する経験則」を肯定し，この経験則を前提にしつつ，控訴審が示した被告人の犯意を推認する過程についても肯定したものであり，薬物密輸入事案における事実

認定上の経験則について，どのようなものがこれに該当するのかについて具体的に判示している点で実務上参考となると思われる。

なお，本決定は，密輸組織の関係者等から，回収方法について必要な指示等を受けた上，覚醒剤が入った荷物の運搬の委託を受けたという回収措置に関する経験則と被告人の犯意の推認との関係について，覚醒剤が入った荷物の運搬委託があったことは経験則によって認定し，その先の故意の推認は，個別具体的な事案に即して判断したものと思われる。

一般論としては，運び役に対する委託があることを前提とすれば，例えば，渡航費用等の経費が密売組織において負担されているなどの委託内容の不自然さから，健全な常識人であれば，その委託物について不審に思うはずであるという経験則を介して犯意を推認することとなると考えられる。

例えば，委託の過程において運搬物が覚醒剤であることが告げられていない場合であっても，その委託内容は不自然なものにならざるを得ないので，運び役が健全な判断能力を有する者であれば，特段の事情（運び役が知的障害を有している場合等）がない限り，依頼された荷物が法禁物ではないかと疑うこととなり，犯意を推認することとなろう。

第4章　譲渡・譲受罪

34　「譲渡し」及び「譲受け」の意義

覚醒剤の「譲渡し」,「譲受け」とはどのような行為をいうのか。

〔関係条文〕覚せい剤17条1項, 2項, 3項, 4項, 41条の2, 麻薬12条1項, 刑136条

1　条文による規定

覚醒剤の「譲渡し」,「譲受け」は,

(1) 「覚醒剤製造業者が, その製造した覚醒剤を覚醒剤施用機関及び覚醒剤研究者に譲り渡す場合（法17条1項）」
(2) 「覚醒剤施用機関又は覚醒剤研究者が, 覚醒剤製造業者から覚醒剤を譲り受ける場合（法17条2項）」
(3) 「覚醒剤施用機関において診療に従事する医師又は覚醒剤研究者が, 覚醒剤を施用のため交付する場合（法17条3項）」
(4) 「法令による職務の執行につき, 覚醒剤を譲り渡し, 又は譲り受ける等の場合（法17条4項）」

を除いて, 何人も禁止されている。

2 所持の移転

 覚せい剤取締法にいう「譲渡し」とは，一般に覚醒剤についての法律上又は事実上の処分権を与えてその所持を移転することをいい，また，「譲受け」とは，「譲渡し」の反対概念で，覚醒剤についての法律上又は事実上の処分権を与えられてその所持の移転を受けることをいうと解されている。

 したがって，「譲渡し」，「譲受け」とは，必ずしも売買，贈与，交換等所有権を移転して覚醒剤の所持を移転し，あるいはその所持の移転を受ける場合に限らず，何らかの処分権を与えて，覚醒剤の所持を移転し，あるいはその移転を受ける場合をも含むものと解される。また，その有償，無償も問わない（大阪高判昭29・1・30高判特28・80）。

 しかし，所有権の移転も伴わず，また処分権を与えられないような単なる所持の移転である「交付」は，「譲渡し」に当たらない。

3 「交付」，「販売」との違い

 ちなみに，麻薬及び向精神薬取締法12条1項は，「交付」罪を設け，麻薬の「譲渡し」，「譲受け」のほか，所有権の移転も伴わず，また処分権を与えられないような単なる「交付」も処罰の対象としているが，覚せい剤取締法は，「交付」を処罰する明文を欠いており，単なる「交付」までも処罰の対象とするものではないと解される。もっとも，交付者又は受交付者が所持罪等により問擬されるのはまた別のことである。

 また，本法17条3項は，覚醒剤施用機関において診療に従事する医師等が，覚醒剤を施用のため交付する場合を譲渡禁止の除外事由としているが，「施用のための交付」は，使用すなわち処分のための交付であって，「譲渡し」の一態様であり，処分権を与えられない所持の移転である「交付」とは異なる。

 なお，「譲渡し」と似た概念として「販売」という概念があり，例えば，刑法136条は，あへん煙の「販売」を禁止しているが，ここにいう「販売」とは，一般に不特定又は多数の者に対してなす意思の下にする有償譲渡をいうとされており，「譲渡し」より狭義の概念と解される。

35 「譲渡し」の具体的事例

> 覚醒剤の「譲渡し」に当たるのはどのような場合か。

〔関係条文〕覚せい剤17条, 41条の2

1 処分権付与と所持の移転

　覚醒剤の「譲渡し」とは, 覚醒剤の処分権を与えてその所持を移転する行為をいうが, この「譲渡し」の意義が具体的に問題となった事例を見てみることとする。

2 判例による「譲渡し」の解釈

　最決昭35・12・12 (刑集14・13・1897) は, 「譲渡し」とは, 所有権の移転を意味するとの上告趣旨に対し, 「原審が, 『覚せい剤の売却斡旋方を依頼してこれを他人に引き渡すがごときは, その所有権の移転の有無に拘らず覚せい剤取締法17条にいわゆる覚せい剤の譲り渡しに当る』とし……た解釈は……正当である」と判示している。
　この判決は, 「譲渡し」とは所有権の移転を伴う場合に限らず, 売却斡旋方を依頼して覚醒剤の所持を移転する場合をも含むことを明らかにしたものであるが (覚醒剤原料の「譲渡し」の意義につき同旨, 大阪高判昭36・4・13大阪速報昭36・4), この判決からすれば, 「譲渡し」とは, 有償, 無償を問わず, また, 売買, 贈与, 交換等, 所有権の移転を伴うものに限らず, 覚醒剤について何らかの処分権を与えてその所持を移転することをいい, 覚醒剤の所有者が, その所有権を留保したままで, これを他に転売することを委託して他の者にその所持を移転した場合も, 「譲渡し」に当るといえることになろう。

他人から依頼を受けて覚醒剤の処分を委託された者が，さらにそれを第三者に譲渡した場合，これが「譲渡し」に当たるといえることも，このような趣旨からして明らかであろう（高松高判昭30・10・28高松速報104参照）。

3 「譲渡し」を成立させる処分権付与

一方，大阪高判昭40・2・11（大阪速報昭40・3）は，覚醒剤粉末を「2，3日したら取りに来るから預ってくれ」とZから言われたXが預かり保管中，Yが来て「Zから取って来てくれと頼まれた」と言うので交付したという事案につき，「覚せい剤の譲り渡しとは売買，贈与等必ずしも所有権の移転を伴う場合だけに限るものでなく，売買斡旋方を依頼してこれを他人に引き渡すとき等その物の処分権を相手方に与えてこれを交付するような場合をも右譲り渡しとみることができる」とした上，「譲り渡しという以上終局において所有権移転を目的とする所為を伴う場合に限られるべきであって右限度を超えて広く覚せい剤を単に交付することまでも右法条にいう覚せい剤の譲り渡しとみることはできない」とし「XとしてはZから単に取りに来るまで預ってくれといわれて預っていた本件覚せい剤を同人から頼まれて来たというYに返還のため引き渡したものに過ぎないこととなり，これを前記法条にいう覚せい剤の譲り渡しとみることはできない」と判示している。

この判決からすれば，処分権の付与を伴わない単なる交付は「譲渡し」に当たらないというべきであり，したがって，単に保管を委託して引き渡す場合や覚醒剤を単に見本として他人に貸与するような場合は，「譲渡し」に当たらないといえよう。

36 共謀して覚醒剤の密売を行った者の間の授受と「譲渡し」

> 共謀して覚醒剤を購入した上，これを密売した者の間における覚醒剤の授受は「譲渡し」に当たるか。

〔関係条文〕覚せい剤17条，41条の2

1 複数者間での覚醒剤の授受

覚醒剤の取引には複数の者が関与することも少なくないが，共謀して覚醒剤を購入した上，これを密売した者の間における覚醒剤の授受は「譲渡し」といえるであろうか。

具体的事例に即して検討すると，例えば，甲と乙が覚醒剤を仕入れてこれを密売することを共謀し，それぞれ任務を分担し，甲においてXから覚醒剤を仕入れた上，乙においてこれをYに販売した場合，甲と乙には，Xからの覚醒剤譲受罪とYに対する譲渡罪の共同正犯が成立することになろうが，この場合甲から乙に対し覚醒剤を授受する行為は，覚せい剤取締法にいう「譲渡し」に当たるといえるであろうか。

2 共謀者の間で行われる授受の解釈

本法にいう「譲渡し」とは，一般的には，覚醒剤の処分権を与えてその所持を移転することをいい，単なる交付は「譲渡し」に含まれないと解されている。

ところで，前記のような事例においては，甲と乙は覚醒剤の密売等を共謀し，それぞれ仕入，販売の任務を分担したのであり，甲が仕入れた覚醒剤については，甲のみならず乙もその処分権を有し，これを共同所持していたともいえるから（もっとも，譲受けに当然伴う所持は譲受行為に包括吸収されて別に所持罪を構成しない），甲から乙に対する授受行為によって覚醒剤に対する処分権が移転したということもできず，また，所持の移転があったということもできないから，このような授受行為をもって「譲渡し」ということはできないと解すべきであろう。

東京地判昭52・3・10（ジュリスト651判例カード468参照）が，被告人とAとが，代金1万円ずつ出し合い，同道して覚醒剤を買い受けた上，これを二分し，そのうちの一つを被告人がAに手交した事案について，「このような共同譲受人間の内部的分配行為は，いわば同一人が片手に持っていたも

のを両手に持ちかえるのと同様であって，覚せい剤取締法第17条にいう覚せい剤の『譲り受け』『譲り渡し』には該らないと解するのが相当である。

けだし，前記法条の趣旨とするところが覚せい剤が移転流通し，あるいはひろく頒布されることによって，それが濫用する機会が増大し，被害範囲が拡大することを防止するにあるところからすれば，覚せい剤の占有所持の人的移転のすべての態様を規制していると考えることも全く不可能ではないかも知れないが，しかし一方，『譲り渡し』『譲り受け』という文言の日常的意味が実質的な権利・権限を伴なう物の移転を指していると考えられ，かつ覚せい剤取締法自体がすべての占有の移転を必ずしも『譲り渡し』『譲り受け』とはしていないこと……に照らすと，同法第17条にいう『譲り渡し』『譲り受け』とは，必ずしも，所有権の移転までは必要とはしないけれど，何らかその処分権限を譲り受け人に付与して，当該覚せい剤の所持を移転する行為をいうと解するのが相当である」等と判示しているのが参考となろう。

37 譲渡・譲受罪の構成要件

> 覚醒剤譲渡罪が成立するためには譲受罪が成立することを要するか。

〔関係条文〕覚せい剤17条，41条の2

1 覚醒剤であることの認識

覚せい剤取締法17条は，法定の除外事由のない覚醒剤の「譲渡し」及び「譲受け」を禁止し，本法41条の2において，「みだりにそれを譲り渡し，又は譲り受けた者」を処罰する旨定めている。

譲渡罪及び譲受罪は故意犯であるから，行為者において，取引の対象となる物が覚醒剤であること等を認識していることが必要であることはもとよりである。

2 譲渡罪と譲受罪の関係

ところで、甲が乙に覚醒剤を譲り渡した場合において、甲の乙に対する譲渡罪が成立するためには、乙の甲からの譲受罪が成立していることを要するであろうか。

覚醒剤譲渡罪が成立するためには、先に述べたとおり、みだりに、覚醒剤を譲渡したこと、つまり覚醒剤の処分権を与えてその所持を移転することが必要であるから、当然所持の移転を受ける者の存在とその移転を受ける行為とを予定しているといえる。したがって、譲渡罪が成立するときは、譲受罪が成立するのが通例であろう。

しかしながら、譲渡罪が成立するときは必ず譲受罪が成立する、言い換えれば、譲渡罪が成立するためには譲受罪が成立しているということまでを要するものではない。

譲渡罪が移転を受ける者の存在とその移転を受ける行為とを予定していることと、移転を受ける者自身に犯罪（譲受罪）が成立することとは別の問題であり、その者自身について、別に犯罪の成否を判断しなければならない事柄であるからである。

もちろん、覚醒剤の所持の移転行為が処分権の付与を伴わないため「譲渡し」に当たらない場合は、その所持の移転を受ける行為も「譲受け」に当たらないが、一方が可罰的である以上他方も可罰的でなければならないということではない。

したがって、例えば、覚醒剤の処分権を与えられてその所持の移転を受けた者に、覚醒剤であることの認識が欠けていたため、譲受罪が成立しない場合であっても、その所持を移転した者につき、その認識に欠けることがない以上譲渡罪が成立するといえるのである。

最判昭28・1・13（刑集7・1・1）は、「麻薬の譲受人において真実譲受の意思がなかったとしても、譲渡人において法の禁ずる麻薬を譲渡する意思があってその行為をすれば、麻薬譲渡罪が成立すると解するを相当とする」と判示しているが、これも前記同様の理解を示したものといえよう。

38　譲渡・譲受罪の未遂

覚醒剤譲渡・譲受の未遂罪の要件は何か。

〔関係条文〕覚せい剤 41 条の 2 第 3 項，刑 43 条

1　未遂罪の要件

　法 41 条の 2 第 3 項は，覚醒剤譲渡・譲受の未遂罪を処罰することとしている。

　一般に未遂罪（未遂には，いわゆる障害未遂と中止未遂とがあるが，ここでは前者について説明する）の要件は，

　(1)「行為者が犯罪の実行に着手したこと」
　(2)「犯罪が完成していないこと」

である（刑 43 条）。犯罪の実行に着手したか否かによって，それ以前の予備と区別される一方，犯罪が完成したか否かによって既遂犯と区別される。

　したがって，覚醒剤譲渡・譲受の未遂罪の要件は，

　(1)「行為者が譲渡罪・譲受罪の実行に着手したこと」
　(2)「譲渡罪・譲受罪が完成するに至っていないこと」

ということになる。

2　実行の着手の認定

　次に，実行の着手とは，構成要件に該当する行為が開始された段階をいうが，実質的には，犯罪を実現するについての現実的な危険性を含む行為が行われたとき，すなわち実行行為自体あるいはこれに密接する行為が行われたときには実行の着手があるということができる。

　このような観点から，覚醒剤譲渡・譲受罪における実行の着手時期について見ると，「譲渡し」とは，覚醒剤の処分権を与えてその所持を移転するこ

とであり,「譲受け」とは,処分権を与えられてその所持の移転を受けることをいうのであるから,これらの行為の実行の着手時期については,覚醒剤の処分権の付与に伴う所持の移転に密接する行為が行われたときに,着手があったということができる。

したがって,覚醒剤譲渡・譲受罪の実行の着手があったというためには,覚醒剤の処分権の付与に伴う移転行為自体を開始することまでは必要でないものの,その所持の移転に密接した準備行為を開始することが必要であり,覚醒剤譲渡の契約をしただけでは,実行の着手があったとはいえないと解すべきである。

東京高判昭53・3・20(刑月10・3・200)が,覚醒剤譲受罪の実行の着手時期について,「覚せい剤取締法に定める覚せい剤の譲り受け未遂の罪……における譲り受けの実行の着手とは,当該覚せい剤の所有権の移転又は処分権の付与に伴う所持の移転行為自体を開始することを要せず,所持の移転のために必要な準備的行為を開始することで足りるものと解すべきことは,所論のとおりであるが,同法が覚せい剤の譲り受けの予備罪まで処罰する趣旨ではないことを考慮すると,右準備行為が不当に拡張されることは相当ではないといわなければならないから,原判決が,右準備行為は所持の移転に密接したものに限る旨判示したのは相当であり……」と判示しているのが参考となろう。

39 譲渡・譲受罪の実行の着手が認められた具体的事例

> 覚醒剤譲渡・譲受罪の実行の着手があったと認められるのはどの程度の行為があったときか。

〔関係条文〕覚せい剤41条の2

1 実行の着手の要件

覚醒剤譲渡・譲受罪の実行の着手があったというためには,覚醒剤の処分

権の付与に伴う移転行為自体を開始することまでは必要ないものの，処分権の付与に伴う所持の移転に密接した準備行為を行う必要がある（38参照）。

そこで問題は，具体的にどの程度の行為があったときに実行の着手があったといえるかである。

2　実行の着手を認めた事例

これは究極的には事実認定の問題であるが，従来覚醒剤譲渡・譲受罪の着手時期が問題となり，最終的に実行の着手が認められた事例をとおして検討してみよう。

名古屋高金沢支判昭31・10・16（高裁特3・22・1067）は，被告人とYとの間で覚醒剤譲渡に関する合意が成立し，譲渡人Yが，傍らに被告人もいる場所で，Aに対し荷物の受取り方を委託し，情を知らないAがこれを承諾し，受け取った荷物を依頼者若しくはその指示する者に交付するつもりで，荷物を預かっているC方に赴き，覚醒剤2cc入りアンプル500本を受け取った事案について，「右両者間の合意は，共犯者の所為（Aを介したYの間接の行為）により，覚せい剤の占有を，譲渡人より譲受人に対して，現実に移転しようとする行動の段階に到達したものと言うべく，従って被告人の本件所為は，少くとも，覚せい剤譲渡の実行若しくはこれと密接する行為に着手したものと認めざるを得ない」と判示している（本判決は，上告審である最決昭34・7・3裁判集刑事130・439により支持されている）。

また，東京地判昭52・12・26（未登載）は，B及びCから覚醒剤の入手方を依頼された被告人が，かねて覚醒剤を分け合ったりしていた間柄であったAに対し，「シャブがあったら分けてくれ」と申し入れたところ，Aもこれを承諾し，被告人の指示によりCから代金を受領した後，他から覚醒剤を入手して，Cに対し覚醒剤が調達できたからA方に取りに来るよう申し入れた上，1時間近く同人方で被告人を待ったが，被告人が現れないため，被告人に譲り渡す意図で入手した覚醒剤を持って外出したところを警察官に逮捕された事案について，「Aが被告人に譲り渡す意図で覚せい剤を購入し，この覚せい剤を他と区別してA方で所持して被告人らが受取りに来るのを待っ

ていた時点では，譲り渡しの実行の着手があったとみるべきである」と判示している。

3　所持の移転に密接した行為

これらの判決からすれば，覚醒剤の譲渡・譲受罪の実行の着手があったというためには，覚醒剤の譲渡に関する合意が成立し，その代金の授受があったというだけでは足りないが，その後覚醒剤の所持を移転するために，それを預けていた者のところに取りに行かせて受け取らせたり，あるいは，覚醒剤を購入し，これを他と区別して受け取りに来るのを待っていたりした場合には，少なくとも所持の移転に密接した行為が行われたとして，実行の着手を認めることができるといえよう。

40　覚醒剤取引に介在した者の刑責

覚醒剤の取引に介在した者の刑責はどうなのか。

〔関係条文〕刑60条，62条，覚せい剤41条の2第1項

1　介在者に成立する刑責

覚醒剤の取引には，中間利益を得ようとして譲渡人と譲受人との間に関係者が介在することが少なくない。

このような場合，取引に介在した関係者の刑責が問題となることが多い。こうした介在者については，①「独立の当事者として譲渡人から覚醒剤を譲り受け，これを譲受人に譲り渡したとして，覚醒剤譲受罪と譲渡罪の単独正犯（譲受罪と譲渡罪は併合罪となる）」，②「譲渡人又は譲受人との共同正犯」，③「譲渡人又は譲受人に対する幇助犯」等の成立が考えられる。

2 単独犯・共同犯・幇助犯の成立

一般に，犯罪の構成要件に該当する実行行為を自ら行うのが単独正犯（単独犯）であり，共同して行うのが共同正犯であるのに対し，構成要件に該当する実行行為以外の行為によって正犯者の実行を容易にするのが幇助犯であるとされている。

どのような場合に単独正犯，共同正犯又は幇助犯が成立するかについては，具体的事実関係如何によるので一概には決し難いところであり，具体的事案に即し，各人の地位や関係，動機，犯意，謀議の内容，行為，利益の帰属等を総合して判断することになろう。

3 介在者の立場による認定

なお，共同正犯あるいは幇助犯が成立するとしても，譲渡人又は譲受人のいずれの側に立つのか明確でないことも少なくない。

これについては，最終的に，介在者がいずれの側に立って行動しているかという観点から判断されることになろうが，この点に関し，大阪高判昭54・2・9（ジュリスト695判例カード300参照）が，「取引の外形を見ると，被告人は単なる仲介者といえなくはないが，もともと被告人がAの覚せい剤をBに買わせることにしたのは，資金の都合やAに対する手前もさることながら，Bからリベートを得ることを目論み，同人もこれを承知していたことによるもので，取引の場においても被告人はAから覚せい剤を直接受け取り，その代金39万円もBの持参した金員の不足分3万円を自己の所持金で補って支払うなど終始買主のBの側に立って行動しており，売主であるAにとっても，当座の買主が当初予定されていた被告人からBに変ったにすぎず，被告人が依然買手としての客の立場にあることに変りがなかったことが認められる。このような売買にいたる経緯や取引時における被告人のとった行動などに徴すると，被告人とAとの間に覚せい剤の売り渡しについて共同実行の意思があったものとみるべきではなく，もとより被告人はBの買い受けを仲介してその犯行を容易ならしめたにすぎないものでもなく，むしろ被告人は

自己の計算においてBと共同して覚せい剤を買い受けたものと認めるのが相当である」と判示し，覚醒剤取引に介在した者を，譲渡しの共同正犯ではなく譲受けの共同正犯と認定しているのが参考となろう。

41 取引介在者と譲受罪及び譲渡罪の単独正犯の成否

> 覚醒剤取引に介在した者に，覚醒剤譲受罪及び譲渡罪の単独正犯の成立が認められるのはどのような場合か。

〔関係条文〕覚せい剤30条の9，41条の2

1 取引介在者の刑責

覚醒剤の取引に介在した者の刑責については，①「譲受罪及び譲渡罪の単独正犯」，②「譲渡罪又は譲受罪の共同正犯」，③「譲渡罪又は譲受罪の幇助犯」等の成立が考えられ，そのいずれに該当するかについては，各人の犯意等を総合的に考慮してこれを判断すべきである。

2 単独正犯の成立を認めた事例

そこで，どのような場合に①の譲受罪及び譲渡罪の単独正犯の成立が認められるかについて，その成立が認められた事例に即して検討することとする。

東京高判昭50・9・23（刑月7・9=10・842）は，覚醒剤原料の譲受け，譲渡しに関する事例であるが，かねてYから覚醒剤原料の入手方を依頼されていた被告人が，Xから覚醒剤原料の売却の申入れを受けたので，これをYに連絡したところ，Yから買ってくれとの返事を受けたので，Xの当初の言い値を値切って代金10万円で覚醒剤原料を購入した上，Yの若衆Zにこれを手交するとともに，その後Yから代金10万円を受領した事案について，X及びYはいずれも被告人を取引の相手方として意識し，XはYを，YはX

をそれぞれ取引の相手方として考えていなかったこと，現物の授受も，Xと被告人の間及び被告人とYとの間に日時場所を異にして行われたこと，被告人がXに支払った10万円は被告人自身の所持金を支出したものであること等を考慮して，Xからの譲受罪及びYへの譲渡罪の成立を認めている。

　また，東京地判昭53・3・22（刑月10・3・308）は，XからYを介して覚醒剤100gを150万円位で売りたい旨の意向を伝えられた被告人が，Zに対し100gを200万円で取引できる旨告げた結果，覚醒剤はこれらの者が一堂に会した際，被告人の面前で直接XからZに授受されたが，代金として100万円しか支払われなかったため，その後被告人及びXにおいてZに残代金の支払いを求めたところ，Zに金策ができなかったため，結局被告人がXに対し50万円の支払いをなした事案について，Xは譲渡代金を支払ってもらうべき者は被告人と考えており，Zも買受先は被告人であり，譲渡代金は被告人に支払うべきものと考えていたこと，Xらが取引の際宿泊した旅館代金を被告人が支払っていること等の事実を総合考慮し，「当事者間の意思としては，Xから被告人に100gの覚せい剤を代金150万円で売却し，被告人はこれをZに代金200万円で更に売却するという取引形態であったと見るのが相当である」と判示している。

3　事例から考察する成立要件

　これらの判例に鑑みると，当事者の意思，取引における当該介在者の加功程度や取引において占める地位，代金の支払いや収受状況，利益の帰属状況，特に当該介在者の利益の取得の有無等を総合的に考慮し，当該介在者が独立した取引の当事者と認められるときは，譲受罪及び譲渡罪の単独正犯の成立を認めることができるといえよう。

42 取引介在者と譲渡罪及び譲受罪の共同正犯又は幇助犯の成否

> 覚醒剤取引に介在した者に，覚醒剤譲渡（譲受）罪の共同正犯又は幇助犯の成立が認められるのはどのような場合か。

〔関係条文〕覚せい剤17条，41条の2，刑60条，62条

1 取引介在者に共同正犯又は幇助犯が成立する要件

　一般に共同正犯とは，2人以上の者が意思を相通じて特定の犯罪を共同して実行することをいい，また，幇助犯とは実行行為以外の行為によって，正犯者の実行を容易にすることをいう（40参照）。

　したがって，覚醒剤の取引に介在した者の犯意及び行為等を総合考慮し，介在者が譲渡人又は譲受人と意思を相通じて共同して譲渡罪又は譲受罪の実行行為を行ったと認められるときはその共同正犯の成立を，また，譲渡罪又は譲受罪の実行行為以外の行為によって，譲渡人又は譲受人の実行を容易にしたと認められるときはその幇助犯の成立を，それぞれ認めることができるといえよう。

2 共同正犯と幇助犯の区別

　覚醒剤譲渡罪の共同正犯又は幇助犯の成立が認められた事例を見ると，例えば，浦和地判昭53・3・15（刑月10・3・303）は，Xから覚醒剤のネタ元を紹介してほしい旨の依頼を受けた被告人が，自己のネタ元であるYに対し，取引の仲立ちをする旨告げて同人と折衝し，覚醒剤20gをグラム単価2万円で仕入れる話をつけた上，Xから現金40万円を預かってY方に赴き，同人から覚醒剤20gを受領した後，X方に戻って同人に覚醒剤を渡した事案について，「被告人は，右Yをして，隔地者である未知のXに対し，……覚せい剤を譲渡する意思を喚起させ，Xとの仲立一切を行い，Xとの間に覚せい剤譲渡に関する取引量，単価・代金決済方法，取引日時場所の約定

を含む合意を締結させ，現実に代金の決済及び物件の引渡をも担当した（Yは，被告人の活躍のために消極的に注文に応じ，自宅で代金を受領し物件を提示したにとどまる）のであって，……〔被告人は〕本件覚せい剤の譲渡について，所有者であるYと意思を通じ重要なる実行行為を分担したもので，『共同シテ犯罪ヲ実行シタル者』に該当する」旨判示する。

　他方，東京高判昭50・11・26（東高時報26・11・196）は，XがYから覚醒剤約8gを代金30万円で譲り受けた際，被告人が，Xのため，Yとの間の覚醒剤代金の前金の授受に関与し，Xの代金全額のYへの交付方を勧め，XをしてYへ当該代金30万円全額を交付させ，さらに覚醒剤の譲受けにも関与した等の事案について，「被告人はXのYからの覚せい剤譲り受けの犯行を容易ならしめてこれを幇助した」旨判示している。

　なお，大阪高判昭59・3・14（判タ535・304）は，被告人の協力加担行為が本件覚醒剤譲受けの結果実現に必要不可欠な重要なものであったとして，覚醒剤譲受罪の幇助犯が成立するにとどまるとした原判決を破棄して共同正犯の成立を認めており，共同正犯と幇助犯の区別を理解する上で参考となろう。

43　「周旋」の意義

> 覚醒剤の譲渡しと譲受けの「周旋」とはどんな行為か。

〔関係条文〕覚せい剤41条の11，麻薬68条の2

1　周旋罪

　覚せい剤取締法41条の11は，覚醒剤の譲渡しと譲受けの「周旋」をした者を3年以下の懲役に処する旨規定している。
　この「周旋」とは，覚醒剤の譲渡人と譲受人との間でその譲渡・譲受行為が行われるよう仲介することをいうとされている。

2　法41条の11の趣旨

　この周旋罪の規定は，昭和48年の本法の改正により設けられたもので，「周旋」を行った者は，「周旋」を受けた者に譲渡罪又は譲受罪（未遂を含む）が成立する場合は，その幇助犯として処罰されることになるが，「周旋」を受けた者に譲渡罪等が成立しない場合においても，なお「周旋」を行った者を独立して処罰するために設けられた規定である。したがって，「周旋」を受けた者に譲渡罪等が成立する場合は，「周旋」を行った者には周旋罪の規定が適用されず，譲渡罪等の幇助犯として処罰されることになる。

　判例もこの理を明らかにしており，例えば，東京高判昭51・3・31（判時822・108）は，周旋罪の規定の趣旨につき，「右周旋の罪の規定は，麻薬取締法68条の3〔現・68条の2〕と同様に，被周旋者につき譲渡又は譲受けの罪（未遂を含む）が成立しない場合について，なお周旋行為を独立して処罰しようとするものであり，被周旋者につき譲渡又は譲受けの罪（未遂を含む）が成立する場合には，その周旋行為は従来どおりその幇助罪として前の場合よりも重く処罰する趣旨であることが明らかである」とした上，「これを本件についてみると，原判決の認定した事実によれば，被告人はAがBに原判示の覚せい剤を譲渡するに際し，Bへの仲介をしてAの犯行を容易にさせたというのであり，右Aについて覚せい剤譲渡の罪が成立していることが明らかであるから，被告人の原判示所為は覚せい剤取締法41条の2第1項2号〔現・41条の2第2項〕，17条3項の譲渡の罪の幇助罪に当たるもので，同法41条の8〔現・41条の11〕の周旋罪の規定は適用されないものといわなければならない」と判示している（周旋罪の規定の趣旨につき同旨，東京高判昭51・11・2東京速報2188，名古屋高金沢支判昭57・1・21高刑速（昭57）518）。

3　周旋罪の成立

　したがって，「周旋」罪が成立するためには，覚醒剤の譲渡人と譲受人との間で譲渡・譲受行為が行われるよう仲介をすれば足り，実際に譲渡・譲受

行為が行われる必要はない。また，譲渡する旨の契約が成立する必要もない。

　もっとも，「周旋」というためには，譲渡人と譲受人の双方から「周旋」の依頼又は承諾のあったことが必要であり，双方からの依頼を受けて仲介を行う場合は直ちに周旋罪が成立するが，一方からの依頼を受けて他方に働きかけただけでは同罪は成立せず，他方が「周旋」に応ずる意思を表示したときに同罪が成立する。

44 同一人間における数個の譲渡と罪数

> 同一人との間で数回にわたって覚醒剤が譲渡された場合の罪数はどうか。

〔関係条文〕覚せい剤41条の2，刑45条

1　併合罪とされる譲渡行為

　一般に，罪数を定める標準としては，故意説，法益説，行動説等が唱えられているが，犯意，法益，行為を総合的に斟酌して，構成要件的評価の回数によりこれを定めるのが妥当であり，また，その評価の前提として，当該構成要件がどのような行為を想定し，どのような法益を保護しようとしているのか等を検討することが必要であるとされている。

　譲渡しとは，処分権を付与して覚醒剤の所持を移転することであり，所持の移転が完了した段階で犯罪が完成するといえるから，同一人との間の数回にわたる譲渡行為は，原則として併合罪となるものと解される。

　例えば，東京高判昭57・4・27（刑月14・3＝4・253）は，被告人が，昭和56年6月11日午後7時頃，A方において，Xに対し，Bから売却の依頼を受けて預かっていた覚醒剤2gを代金2万円で販売し，さらに同日午後9時頃，一旦住居に戻ったものの少し余分に買っておこうと考えてA方を再度訪ねてきたXに対し，同じくBから預かっていた覚醒剤約2gを代金

２万円で販売した事案について，それぞれ別個の譲渡罪を構成する旨判示している。

2 包括一罪とされる譲渡行為

もっとも，数回にわたって同一人との間で覚醒剤を譲渡した場合においても，犯意の単一性，各行為の時間的連続性，犯行場所の同一性，犯行方法の同一性，犯行の際の事情の同一性等に照らして，いわゆる包括一罪と解される場合もあり得よう。例えば，大阪地判昭49・8・1（未登載）は，被告人が，Aに対し，覚醒剤粉末100gを代金170万円で譲渡することとし，その場では検量しないままビニール袋入りの覚醒剤粉末をAに譲り渡したところ，後刻Aから，20g不足しているとの申し出を受け，さらに約20gの覚醒剤粉末を，先の不足分として追加交付した事案につき，2度の交付は包括して1個の譲渡罪を構成する旨判示しており，また，東京高判昭54・2・21（判時934・129）は，譲受罪に関し，被告人が，Yと共同して，Aから覚醒剤5gを買い受けて受領した際，さらに3g追加して購入した事案について，2回にわたる譲受行為は，全く同一の場所で同じ取引関与者が極めて接近した時間内に前後していずれも同じ覚醒剤の有償譲渡・譲受という態様の行為を繰り返したものであり，2回目の授受は取引分量を追加する趣旨で為したものであると認められることに照らし，包括一罪となる旨判示している。さらに，大阪高判昭61・12・12（判タ632・257）は，約1時間20分を隔てた同一人に対する2個の覚醒剤譲渡行為を，同一の機会における同一人に対する譲渡行為として，包括一罪を構成する旨判示している。

45 譲受罪と譲渡罪の関係

覚醒剤を譲り受けた上これを譲り渡した場合，譲受罪と譲渡罪の関係はどうか。

〔関係条文〕覚せい剤41条，41条の2第1項，2項，刑45条，54条1項

1 覚醒剤の譲受けと譲渡し

　覚醒剤は，輸入元から何人もの密売者を介して末端使用者へと譲渡されているが，覚醒剤を譲り受けた上これを譲り渡した場合，譲受罪と譲渡罪との関係はどうなるのであろうか。

2 併合罪となる譲受罪・譲渡罪

　この譲受罪と譲渡罪との関係については，覚せい剤取締法は，覚醒剤の濫用による保健衛生上の危害を防止するため，覚醒剤の輸入，輸出，所持，製造，譲渡し，譲受け，使用等の各行為を個別に規制することを目的としており，それぞれの行為を各別個独立の罪として処罰するのがその法意であるといえる上，譲受けと譲渡しとは，必ずしも通常，手段結果の関係にあるともいえず，牽連犯（刑法54条1項後段）ということもできないから，両罪は併合罪になるものと解される。

　東京高判昭32・3・26（未登載）は，「覚せい剤を譲り受け，後にこの同じ覚せい剤を他に譲り渡せば，これは目的物は同一であっても覚せい剤の譲受と譲渡の各法益を侵犯するものであって，その2罪が成立するのである。所論の如く譲渡をもって不可罰的事後処分とは認められないのである」と判示しており，また，東京高判昭56・9・9（刑月13・8＝9・524）は，被告人が昭和55年7月29日午前11時50分頃，A団地1棟1階エレベーター乗降口付近において，Xから覚醒剤を譲り受けた上，同日午後零時頃，同1棟付近に駐車中の車内において，Yに対し覚醒剤を譲り渡した事案について，原審が，「覚せい剤を譲り受ける所為と譲り受けた覚せい剤を譲り渡す所為とは，犯行の動機，態様を全く異にするものであり，また，これらの行為を処罰の対象としている法の趣旨に鑑みれば，右各所為は各別に成立すると解すべきであって包括一罪とすることは許されず，また，右各所為が罪質上通常手段結果の関係にあるとは言えないから牽連犯と解すべきでもない」として併合罪と解したのを，「原判決が法令の適用の項で説明を加えているように，右覚せい剤の譲受けの罪と譲渡しの罪とは併合罪の関係にあると解

すべきであるから，所論指摘の原審の措置及び処断は正当であって，何ら違法な点はない」としてこれを是認しているのである。

なお，譲受行為に当然伴うものとは認められない所持行為については，譲受罪とは別に所持罪が成立し，これらと譲渡罪とは併合罪となる。

3 営利目的の場合

また，営利の目的をもって覚醒剤を譲り受けた上，これを譲り渡した場合についても同様に営利目的の譲受罪と譲渡罪とが成立し，併合罪になるものと解されよう。最判昭54・12・14（刑集33・7・859）が，麻薬事犯について，「麻薬取締法は，麻薬の濫用による保健衛生上の危害を防止するため，麻薬の輸入，輸出，製造，製剤，譲渡し，譲受け，所持等の各行為を個別に規制し，営利の目的を刑の加重事由として設け，営利の目的を麻薬の譲受け・譲渡しのみならず他の違反行為についても付加していることにかんがみれば，麻薬の譲受けとその麻薬の譲渡しは，たとえそれが営利の目的で行われたものであるとしても，犯罪の通常の形態として手段又は結果の関係にあるものと解することはできず，右両罪は併合罪とするのが相当である」としているのが参考になろう。

46 譲受罪と所持罪の関係

> 譲り受けた覚醒剤を引き続いて所持していた場合，別個に所持罪が成立するか。

〔関係条文〕刑45条，54条，覚せい剤41条の2

1 譲受罪に包括吸収される場合

覚醒剤の譲受けとは，覚醒剤の処分権を与えられてその所持の移転を受けることをいい，譲受行為には当然所持が伴い，所持が伴わない譲受けはあり

得ないから，譲受けに当然伴う所持は譲受けに包括吸収され，別に所持罪が成立するものではない。

2 別個に所持罪が成立し，併合罪となる場合

　しかし，所持が譲受けに当然伴うものではないと評価されるに至った場合，言い換えれば社会通念上別個独立の所持と評価し得るに至った場合には，譲受け，所持等の各行為を別個の罪として処罰するのが覚せい剤取締法の法意であり，また，譲受けと所持とは通常，手段結果の関係にはないから（大阪高判昭47・3・10大阪速報昭47・24），譲受罪とは別個に所持罪が成立し，両罪は併合罪となる。

　そこでさらに，どのような場合に別個の所持罪が成立するかについて検討すると，例えば，譲受罪とは別個に所持罪の成立を認めた事例としては，次のようなものがある。

(1)　「譲り受けた覚醒剤の一部を売却した後，一部を自宅に隠匿し，他を第三者に預けて各別にこれを所持していたが，その間相当日時も経過していた事例（高松高判昭29・4・14高判特36・33）」

(2)　「昭和28年3月10日頃から同年6月末頃までの間に譲り受けた覚醒剤を同年7月14日頃，居宅炊事場の石油缶又は土蔵内に隠匿所持していた事例（最決昭31・1・12刑集10・1・43）」

(3)　「A，Bと共謀の上，昭和30年7月11日頃路上においてCから覚醒剤を譲り受けた上，A，Dと共謀の上，同月20日頃Dの居室において，そのうちの一部を所持していた事例（東京高判昭32・2・28高裁特4・5・84）」

(4)　「昭和29年11月末頃覚醒剤を譲り受けた上，そのうち一部を被告人方階下蠅帳の下に，残りを2階床下にそれぞれ隠匿し，同年12月3日頃これを所持していた事例（最判昭33・6・3刑集12・9・1958）」

(5)　「昭和45年10月21日覚醒剤を譲り受け，これを小分けして自己使用したほか数人に譲り渡し，同月27日その残りと他から返却を受けた分とを合わせて隠匿所持していた事例（前掲大阪高判昭47・3・10）」

(6)「A方で譲り受けた覚醒剤の一部を，譲り受けてから約3日後に被告人の自宅で所持していた事例（東京高判昭52・6・20未登載）」

これらの事例に鑑みると，譲受けに引き続いて当該覚醒剤を所持していた場合であっても，個別具体の事案によるものの，譲受け後の時間的経過・場所的変動・所持の態様・その過程においての使用の事実等により社会通念上別個の所持と評価し得るに至ったときは，譲受罪のほかに所持罪の成立が認められることになるといえよう。

47 継続して数回にわたり覚醒剤を譲り渡す行為と自白の補強証拠

> 同一人に対し継続して数回にわたり覚醒剤を譲り渡した場合，各行為について自白の補強証拠が必要か。

〔関係条文〕刑訴319条2項，刑45条，54条，覚せい剤41条の2

1 自白の補強証拠

刑事訴訟法319条2項は，「被告人は，公判廷における自白であると否とを問わず，その自白が自己に不利益な唯一の証拠である場合には，有罪とされない」と定めている。これは，有罪の認定をするためには，自白以外にいわゆる補強証拠が必要であることを明らかにした規定である。

ところで，同一人に対し継続して数回にわたり覚醒剤を譲り渡した場合，各行為について自白の補強証拠が必要であろうか。

2 併合罪関係にある一連の譲渡行為

一連の譲渡行為の各行為につき自白の補強証拠が必要か否かを検討するに当たっては，まずこれら一連の譲渡行為の罪数を考察する必要がある。一連の譲渡行為が併合罪関係にある場合は，各譲渡行為もそれぞれ別罪ということになるから，各譲渡行為ごとに補強証拠を必要とするといえるからであ

る。最判昭40・9・21（裁判集刑事156・615）は，外国為替及び外国貿易管理法（現：外国為替及び外国貿易法）違反事件に関し，「本件犯罪のように併合罪関係にある数罪は，立証手続のうえにおいても別個独立の犯罪として取り扱われるべきもので，その数毎に補強証拠を必要とし」と判示しており，また，福岡高判昭26・10・16（高判特19・29）は，業務上横領罪に関し，「右108回の横領の事実はその一つ一つが別個の公訴事実を構成していること勿論であるから右各公訴事実の個々に付各自白に対する補強証拠を要すること当然である」と判示している。

したがって，一連の覚醒剤の譲渡行為が併合罪となる場合は（一連の譲渡行為は一般的には併合罪となることが多い），各譲渡行為ごとに補強証拠が必要ということになる。

3　包括一罪とされる一連の譲渡行為

これに対し，一連の譲渡行為が包括一罪と解される場合があり得るが，このように包括一罪とされる場合においても，それを構成する各行為ごとに補強証拠が必要であろうか。

これについては，「包括一罪の場合には，これを構成する各行為が存在するけれども，全体として1個の犯罪行為と見られるものであるから，包括せられる数個の行為又は結果の主要部分について補強証拠があれば全体として補強証拠があると解するべきである」（業務上横領罪に関する，大阪高判昭30・6・27高裁特2・14・721）とする考え方がある反面，包括一罪を構成する行為は，それぞれが犯罪行為であり，それが結果的に一罪と評価されるにすぎないのであるから，各行為について補強証拠を必要とするというべきであるとする考え方もある。

理論的には包括一罪も数罪ではなく一罪である以上，普通の一罪と同じ扱いをすべきであろうが，包括一罪の場合は，その中に可分な数個の行為を内包しているので，その一部に補強証拠があっても，それだけで全部の行為について被告人の自白の真実性を肯認し難い場合が多くなるということはあるから（横井大三「包括一罪の全部には不要」証拠法大系Ⅱ269参照），実務上は，

この点に留意して捜査処理を行うべきであろう。

48 譲渡・譲受罪の対象物が押収されていない場合の覚醒剤であることの立証方法

> 譲渡し・譲受けの対象物が押収されていない場合において，対象物が覚醒剤であることの立証はどのような方法で行うか。

〔関係条文〕覚せい剤41条の2

1 同一性の立証

覚醒剤譲渡・譲受罪が成立するためには，譲渡し・譲受けの対象となった物が覚醒剤であることを立証しなければならない。

この場合，譲渡・譲受対象物件が適法に押収され，鑑定の結果覚醒剤であることが判明しているときには，格別問題は生じない。しかし，譲渡・譲受対象物件が押収されていない場合は，関連する事件で押収された覚醒剤と譲渡・譲受対象物件との同一性を立証することによって，その覚醒剤であることの立証を行うのが通例である。そして，関連する事件で押収された覚醒剤と譲渡・譲受対象物件との同一性は，一般に取引に関与した者の供述により立証することになる。例えば，Aがその所持する覚醒剤の一部をBに譲渡し，Bはさらにその一部をCに譲渡した場合で，Cからそのうちの一部が押収されたときは，A，B，Cの供述により，AからB，BからCと譲渡された覚醒剤とCから押収された覚醒剤との同一性を立証することによって，AからBの譲渡対象物件が覚醒剤であることを立証することになる。

また，Aがその所持する覚醒剤の一部をBに，残りをCに譲渡した場合で，Cからのみ覚醒剤が押収されたときは，A，B，Cの供述によりAからB，AからCに各譲渡された覚醒剤とCから押収された覚醒剤との同一性を立証することによって，AからBの譲渡対象物件が覚醒剤であることを立証することになる。

さらに，Aが覚醒剤在中の袋2つをBに譲渡し，Bがそのうちの1袋をCに，他の1袋をDに譲渡した場合で，Cからそのうちの一部が押収されたときは，A，B，C，Dの供述により，AからB，BからC，BからDと各譲渡された覚醒剤とCから押収された覚醒剤との同一性を立証することによって，BからDの譲渡対象物件が覚醒剤であることを立証することになる。

この場合，Aから，当該2袋はもともと同一物を二分したものである旨の供述が得られれば問題はないが，Aからこのような供述を得られない場合は，A及びBから，2袋の内容物の形状，色彩等が同一であり，同一価格で覚醒剤として取引されたこと，Dも覚醒剤でないとクレームをつけていなかったこと等の供述を得て，同一性の立証を行っていくことになろう。

2 立証の留意事項

このように，譲渡し・譲受けの対象物が押収されていない場合における対象物が覚醒剤であることの立証は，関係者の供述を得て行うことになるので，関係者から物の形状，色彩等について詳細な供述を得ておく必要があるが，特に譲渡時期と押収された時期とを吟味しておくことが肝要である。

譲渡時期と押収された時期とがかけ離れていて，押収された覚醒剤が他から入手された疑いがあり，入手先に関する供述は信用できないとして無罪とされた事例も散見されるのである。

49 一対一の取引の捜査，公判上の問題点

いわゆる一対一の取引の場合，どのような問題があるか。

〔関係条文〕覚せい剤41条の2

1 困難化する一対一取引事犯

密売事犯では，目撃者もなく，譲渡人と譲受人のみのいわゆる一対一の取引が行われることが少なくない。

このような一対一の取引事犯においては，当事者を検挙しても起訴することが困難な場合もあり，また，起訴しても公判が紛糾し無罪が言い渡される事例もある。

2 困難化の要因

このように一対一の取引事犯の捜査，公判が困難化する理由としては，一般に次のようなことが挙げられている。

(1) 一対一の取引事犯においては，被疑者は自白さえしなければ起訴されないという意識が強く，特に否認が多いこと。裏付捜査に困難を伴う弁解をする事例も増加しており，また，捜査段階で認めても公判でアリバイを主張する事例もある。

(2) 当事者の一方が自白していても他方が否認している場合，自白している者のみの供述に基づいて立証することは，

　ア 自白している者の供述が，一般事件関係者のそれに比して信用し難い場合が多い。例えば，関係者が真実の入手先あるいは譲渡先を秘匿するために虚偽の供述をする場合があるし，また，覚醒剤の影響等により記憶があいまいであるなどして供述が不明確なことも多い

　イ 取引が一対一で隠密裡に敢行されているため，自白の裏付証拠が収集し難い

等，困難な場合がある。

3 捜査の課題

このような一対一の取引事犯における捜査，公判上の隘路を克服し，事案の真相を解明し，事件を適正に処理するためには，次のようなことを行うの

が肝要であろう。
(1) 収集した情報資料や押収した証拠物に基づき，被疑者をねばり強く説得，追及し，事案の真相を供述させること。
(2) 否認する被疑者については，できるだけ詳細に弁解を引き出した上，その裏付捜査を行うこと。
(3) 自白している者の供述の信用性の確保に努めること。
　　そのためには，
　ア 「できる限り裏付証拠を収集するとともに，自白と他の関係証拠との間に矛盾がないかどうかを十分に吟味すること」
　イ 「いわゆる「秘密の暴露」的供述を得てその裏付捜査を行っておくこと」
　等が有益である。

なお，当事者の一方の供述に基づいて他方を検挙するに当たっても，本人が覚醒剤を所持している時期を狙って検挙することが効果的な場合がある。

本人から覚醒剤を発見押収することにより，生半可な否認を許さないことができるし，また，仮に譲渡事犯で起訴し得ない場合でも，別件の所持事件により起訴し得るからである。

第5章　所持罪

50　所持の意義

> 覚醒剤の所持とはどのような行為か。

〔関係条文〕覚せい剤14条，41条の2

1　所持罪の成立

　覚せい剤取締法14条は，覚醒剤製造業者等の一定の資格を有する者が所持する場合等を除き，覚醒剤の所持を禁止している。
　これは本法が覚醒剤の保健衛生上の害悪に鑑み，原則としてその所持を禁止したもので，この禁止規定の実効性を担保するため，本法41条の2第1項において，覚醒剤をみだりに所持する行為を処罰することとし，同条2項において営利の目的があった場合を加重処罰することとしている。
　すなわち，覚醒剤の所持罪は，①「覚醒剤を」，②「みだりに」，③「所持すること」，によって成立することになる。

2　「所持」の概念

　ところで，本法14条及び41条の2に規定する「所持」とは，どのような行為を指すのであろうか。
　所持の基本的な概念としては，「人が物を保管する実力支配関係を内容と

する行為をいうのであって，その実力支配関係の持続する限り所持は存続するものというべく，かかる関係の存否は，各場合における諸般の事情に従い社会通念によって決定されるものである」ということができる（最大判昭30・12・21刑集9・14・2946）。したがって，覚醒剤の所持とは「覚醒剤を自己の支配内に置く行為である」ということができる。

これまでの覚醒剤の所持に関する判例を見ると，
(1) 「物理的に把持する必要はなく，その存在を認識して管理し得る状態にある場合（最判昭31・5・25刑集10・5・751）」
(2) 「直接所持しなくてもよく，他人の行為を介して自己の所持を実現したと認められる場合（名古屋高判金沢支判昭30・7・14高裁特2・15・774）」
(3) 「所有者でない場合（東京高判昭50・4・28東京速報2100）」
(4) 「比較的短時間の携行にすぎない場合（東京地判昭50・2・24ジュリスト559判例カード452）」

であっても，それぞれ所持が認められると判示している。

また，所持罪が成立するためには，故意（覚醒剤を自己の実力的支配内に置くことを認識していること）が必要である。

しかし，それ以上に①積極的に覚醒剤を自己又は他人のために保管する意思，②自己使用又は第三者に使用させる意思などは必要でなく，その動機や目的・態様の如何は問わない（東京高判昭49・4・1東京速報2012等）。

3　未遂罪

未遂罪も処罰される（法41条の2第3項）。

所持罪の未遂としては，例えば，他人から覚醒剤の保管を依頼されこれを承諾して，当該覚醒剤を預り保管のため受け取ろうとした時点で逮捕されたような場合が考えられよう。

51 所持罪における「みだりに」の意義

> 覚醒剤所持罪における「みだりに」とは何か。

〔関係条文〕覚せい剤41条の2, 14条, 刑35条

1 所持罪の構成要件

　覚醒剤所持罪の構成要件は, みだりに覚醒剤を所持することである（覚せい剤41条の2）。「みだりに」とは, 社会通念上正当な理由が認められないという意味であり, 我が国の国内における行為であれば, 我が国の法律に違反することをいう。平成3年の本法改正の際, 所持罪の国外犯処罰規定を設けたこととの関係で書き改められた要件である。覚醒剤所持罪との関係でいえば, 覚せい剤取締法14条の規定に違反する覚醒剤の所持がこれに当たる。ところで, 同条では, 原則的に覚醒剤の所持を禁止しているが, 一定の場合には, その禁止を解除し覚醒剤の所持を適法なものとする禁止の除外事由を定めている。したがって, この禁止の除外事由, つまり覚醒剤の所持を適法とする法定の除外事由が存在するときは, 所持罪の構成要件該当性が阻却され, 所持罪は成立しないことになる（東京高判昭56・6・29判時1020・136参照）。

2 法定の除外事由

　所持罪の法定の除外事由としては次のものがある。
(1)　「覚醒剤製造業者, 覚醒剤施用機関の開設者及び管理者, 覚醒剤施用機関において診療に従事する医師, 覚醒剤研究者並びに覚醒剤施用機関において診療に従事する医師又は覚醒剤研究者から施用のため覚醒剤の交付を受けた者が, 所持する場合（法14条1項）」
(2)　「覚醒剤製造業者, 覚醒剤施用機関の管理者, 覚醒剤施用機関におい

て診療に従事する医師又は覚醒剤研究者の業務上の補助者が，その業務のために覚醒剤を所持する場合（同条2項1号）」
(3) 「覚醒剤製造業者が，覚醒剤施用機関若しくは覚醒剤研究者に覚醒剤を譲り渡し，又は覚醒剤の保管換えをする場合において，郵便若しくは信書便又は物の運送の業務に従事する者が，その業務を行う必要上覚醒剤を所持する場合（同条2項2号）」
(4) 「覚醒剤施用機関において診療に従事する医師から施用のため交付を受ける者の看護に当たる者が，その者のために覚醒剤を所持する場合（同条2項3号）」
(5) 「法令に基づいてする行為について，覚醒剤を所持する場合（同条2項4号）」

いずれも，法が合法的な覚醒剤の製造，施用，譲渡，交付等を認めていることに伴って覚醒剤の所持を適法とするものである。

なお，上記の除外事由のうち(5)の「法令に基づいてする行為について，覚醒剤を所持する場合」とは，例えば，司法警察職員等が証拠品として覚醒剤を押収して保管する場合の所持，鑑定技官が鑑定のため保管する場合の所持等をいい，これらの行為は，この規定がなくても刑法35条（「法令又は正当な業務による行為は，罰しない」）により違法性が阻却されるものであるが，この規定によって構成要件該当性が阻却されることになる。

52　隠匿覚醒剤に対する留置期間中の所持

> 覚醒剤を隠匿後逮捕されたが，警察で留置されている期間の所持関係はどうなるか。

〔関係条文〕覚せい剤14条，41条の2

1　所持の意義

覚醒剤の所持の意義については，最大判昭30・12・21（刑集9・14・

2946) が判示するように,「人が物を保管する実力支配関係を内容とする行為をいうのであって, その実力支配関係の持続する限り所持は存続するものというべく, かかる関係の存否は, 各場合における諸般の事情に従い社会通念によって決定されるものである」といってよい。そこで, この所持の概念を念頭に置きながら, 設問について, 犯人の所持が成立すると解すべきか否かにつき検討する。

2 所持の存続 (判例の見解①)

大阪高判昭 29・10・25 (高裁特 1・9・402) は, 犯人が覚醒剤を旅館裏口の壁の壊れた床下に隠匿した後逮捕され, しばらく当該隠匿の事実を隠していたが, その後の取調べで, 当該隠匿の事実を供述し, 警察署長宛に前記覚醒剤を任意提供したという事案について,「一旦右所持が開始された以上, その所持人が常にその物を所持しているということを意識している必要なく, いやしくもその人とその物との間にこれを保管する実力支配関係が持続されていることを客観的に表明するに足る容態さえ存すれば, 所持はなお存続するものと解すべきであり, ……右の如く被告人が警察署に逮捕留置せられる前に, 自己の所有物を犯罪の発覚を防ぐため, 一定の場所に隠匿蔵置した場合には, たとえ被告人が警察署に留置せられている間といえども, 被告人は右物件に対し実力支配を持続しているものというべく, ……被告人が前記警察署長宛に提出するまで, 被告人の本件覚せい剤に対する所持は存続したもので, 被告人の逮捕若しくは隠匿蔵置の申告により直ちに所持を喪失したものと解すべきではない」と判示している。

3 所持の存続 (判例の見解②)

さらに, 奈良地判平 10・11・27 (判時 1672・159) は, 被告人が覚醒剤自己使用の事実で逮捕された後に, 被告人の自宅に宅配便で届いた覚醒剤を父親が保管し, 警察官による捜索時にこれを任意提出したという事案について,「もしも被告人において本件覚せい剤が自己あてに宅急便で送られて来

ることをあらかじめ認識していたとするならば，被告人が不在であったとしても，……同居の家人が被告人に代わってその荷物を受け取るであろうことは当然に予想していたものと認められるから，現実に被告人が受領しなくても，本件覚せい剤が被告人の自宅に届けられ家人がこれを受け取った時点で，その存在を認識してこれを管理し得る状態に置いたといえるのであるから，このような実力的支配関係が継続する限り所持は存続するというべきである。」と判示した上，被告人が本件覚醒剤が宅配便で送られてくることの認識を有していたことを認定し，被告人に所持罪が成立するとした。

4 実力支配関係の持続

1記載の最高裁判例を踏まえると，前記の大阪高裁及び奈良地裁の判示はまことに妥当と思われる。

所持罪は，いわゆる継続犯であり，覚醒剤に対する実力支配関係が持続する限り所持は存続すると解されており，その所持は物理的に把持する必要がなく，その存在を認識してこれを管理し得る状態にあることをもって足りる（最判昭31・5・25刑集10・5・751）とされており，設問の場合は社会通念上も実力的支配関係内にあると解するのが相当であろう。

53 覚醒剤が微量である場合の所持罪の成否

> 覚醒剤が微量であっても所持罪が成立するか。

〔関係条文〕覚せい剤14条，41条の2

1 微量所持に対する判断

実務上，微量の覚醒剤が付着したビニール袋や空き瓶が発見，押収される例が少なくないが，このような場合に，所持者である被疑者や被告人から，

微量の覚醒剤は覚醒剤としての効用が認められないので、所持罪を構成しないとして無罪である旨の主張がなされることも珍しくない。

また裁判例としても、覚醒剤の微量（0.0031g）所持につき、「一般に0.0031g……の粉末は覚せい剤常用者にとっては覚せい剤としての効用が全くなく、非常用者にとってもその粉末が純粋なものでない限りその効用がないこと、ところが原判示粉末は純粋でなく、カフェインや塩酸エフェドリンが混入されていて、その含有する塩酸フェニルメチルアミノプロパンは極めて微量であったことが認められる。……覚せい剤取締法は覚せい剤の濫用による保健衛生上の危害を防止するためその所持等に関して必要な取締りを行うことを目的とするものであるから、その法意にかんがみると、……〔所持罪〕に該当しない」旨判示して無罪を言い渡した東京高判昭48・6・6（高刑集26・3・291）がある。

2 量の制限規定

しかし、覚せい剤取締法上の所持罪は何らその量についての制限規定を設けていない。そして現に、当該覚醒剤が微量であっても、それが覚醒剤と認められる以上、0.003gのフェニルメチルアミノプロパン塩を含んだ結晶について、所持罪の成立を認めた判例（東京地判昭52・2・1麻薬・覚せい剤刑事裁判例集281）や、約0.001gの覚醒剤の所持について、覚醒剤所持罪の成立を認めた判例（大阪地判平元・6・26判時1384・139）がある。

したがって、所持していた覚醒剤（特に結晶の場合）が微量であるため、所持の意思が認められないことはあり得ても、微量であるが故にそれだけで直ちに所持罪は成立しないとするには疑問が残る。

3 捜査処理

もっとも、1の考え方があることに鑑み、この種事犯の捜査処理に当たっては、現実の処理としては、仮に逮捕時には微量の覚醒剤しか所持していなかったとしても、捜査を尽くし、残存していた当該微量の覚醒剤の入手時の

量を特定することに努め，それをもって事実を確定することが望ましい。

54 所持罪の故意

> 積極的に覚醒剤を保管する意思等がなかった場合でも，所持罪は成立するか。

〔関係条文〕覚せい剤14条1項

1 行為と犯意

　覚せい剤取締法が禁止する覚醒剤の「所持」とは，「覚醒剤を自己の実力的支配内に置くこと」である。
　したがって，所持罪が成立するのに必要な犯意（故意）としては，上記の「覚醒剤を自己の実力的支配内に置くことを認識していること」が必要となる。

2 意思等の存在

　しかし，実務においては，特に他人の覚醒剤を所持した事案を中心として，被告人側が，例えば，①覚醒剤は借金の担保に置いていったので保管するしかなかった，②覚醒剤はその保管方を拒んだのにもかかわらず，他人が勝手に又は無理に置き去ったものである，③覚醒剤をその他人のため預かる意思はなかった，④覚醒剤を所有する意思はなかった，⑤その覚醒剤を自ら密売や使用等する目的はなかった，⑥覚醒剤を隠匿していない，等の事由を挙げ，このような場合は所持罪が成立しないと主張する場合が多い。
　つまり，所持罪の成立には1の所持という行為と犯意のほかに，例えば「積極的に覚醒剤を自己又は他人のため保管する意思」や「自ら所有し又は使用，処分する意思」等が必要であり，また所持の態様も「隠匿」という形態に限られるなどと主張することが多いのである。

3　所持罪成立における意思等の有無

では，所持罪の成立には，**2**のような意思等の存在が必要なのであろうか。

結論からいえば不要である。所持は，あくまで覚醒剤を自己の実力的支配内に置く行為であればよく，その態様の如何を問わないことは本法 14 条の文理解釈から明らかであるから，隠匿の態様でなくても，また，**2**の意思等がなくても，ともかく覚醒剤と知りつつ自己の実力的支配内に置けばそれだけで所持罪は成立すると解されるからである。

判例も同旨であり，例えば，Aが被告人方へ持ち込んで置いていった覚醒剤を自宅居室内に留め置いた事案について，「覚せい剤取締法第 14 条第 1 項が禁止する覚せい剤の『所持』とは覚せい剤であることを知りながら，これを事実上自己の実力支配内に置く行為を指称し，積極的にこれを自己又は他人のため保管する意思の有無又はその行為の目的，態様の如何を問わないものと解するのを相当とするところ，……仮に所論の如く，右覚せい剤は，被告人が，その保管方を拒んだのに拘らず，右Aが勝手に被告人方居室に置き去ったものであったとしても或は仮に被告人がこれを同人のため預る意思もなければ，自らこれを密売する目的もなく，隠匿もしなかったとしてもその所為は，覚せい剤不法所持罪を構成するものといわねばならない」(東京高判昭 31・2・27 高刑集 9・1・116，同旨東京高判昭 49・4・1 東京速報 2012，東京高判昭 30・7・20 東高時報 6・8・251) と判示している。なお，所持の故意は，所持を開始するときに存在すれば足り，その後，覚醒剤の存在を忘れていたとしても故意は否定されない。

これは麻薬等の所持にも共通するものであり，麻薬につき東京高判昭 27・2・8 (高判特 29・26)，銃砲等につき最判昭 25・10・5 (刑集 4・10・1889) の判例がある。

55 他人を介した場合の所持

> 覚醒剤を他人に預けた場合にも所持は認められるか。

〔関係条文〕覚せい剤14条

1 直接所持と間接所持

所持とは,「覚醒剤を自己の実力的支配内に置く行為」であるから,覚醒剤を物理的に把持する場合はもちろん,自宅内等自己の実力支配が及ぶ範囲内に置いた場合は,覚醒剤を直接所持していることになる。

また,他人に覚醒剤を預けるなどの方法で他人を介して間接的に覚醒剤を所持することについては,「直接所持しなくても他人の行為を介して,自己の所持を実現したものと認められる場合にはなお所持の責を免れ得ない」(名古屋高金沢支判昭30・7・14高裁特2・15・774)とされるなど,社会通念上他人を介して自己の実力的支配が及んでいると認められる場合に所持があると解されている。

2 間接所持の事例

他人に覚醒剤を預けて所持が認められた事例としては,①被告人がAに覚醒剤の一時保管を依頼して引き渡したところ,AはA方納屋に保管した事例(名古屋高金沢支判昭32・3・23高裁特4・7・159),②被告人が覚醒剤をYに預け,YはさらにZに預け,Zは被告人のためにこれを保管した事例(最決昭33・2・11裁判集刑事123・223)等がある。

3 委託輸送における支配

また,福岡高判昭30・12・17(福岡速報542)は,被告人が自己所有の

覚醒剤を荷造りして荷送人，荷受人とも自己名義をもって運送人に委託した事案について，「荷物の内容品については運送中は勿論配達後においても荷送人がその引渡を終るまで運送人及び相手方において自由に支配し得る状態にはなく，依然として荷送人の実力支配に在るものと認むべきであるから，被告人が本件覚せい剤を自己の名において輸送しＡ方に配達せしめた以上，その間之を所持したものといわねばならない。」と判示し，東京高判平 13・10・3（東高時報 52・1 = 12・65）は，被告人が差出人の記載をせずに覚醒剤を郵便物の在中品として郵便局員に委託した事案について，「覚せい剤の直接の実力支配（直接所持）は郵便機構に移転するものの，これが受取人に交付されるまでは，なお差出人も郵便機構を通じた実力支配（間接所持）を在中の覚せい剤に対して有していると解すべきである。

本件についてみると，差出人である被告人は，本件郵便物に郵便切手を貼って差し出すことにより，郵便機構に対して，それをＢ方に配達することを委託し，他方，郵便機構は本件郵便物を保管，輸送してＢ方に配達することを引受けたものである。そうすると，被告人は情を知らない郵便機構を利用し，これを介して本件郵便物そして在中の本件覚せい剤に実力支配を及ぼしているということができるのである。」と判示しているが，社会通念に照らしても，いずれも被告人の所持は認められ，妥当である。

56 共同所持の具体例

> 覚醒剤の共同所持が成立するのはどのような場合か。

〔関係条文〕覚せい剤 41 条の 2

1 共同所持の意義

複数の者が共同して覚醒剤を保管，携帯するなど，覚醒剤所持罪（法 41 条の 2）においても複数の者が犯行に関与する場合があるが，いわゆる共同

所持が成立するのはどのような場合であろうか。

一般に共同所持とは，複数の者が共同して覚醒剤を所持することをいい，互いに覚醒剤を分担して保管，携帯した場合，あるいは覚醒剤の所持を共謀した上，これを保管，携帯等するに至った場合などに成立するものと解されている。

2 共同所持が認められた事例

従来の判例において共同所持の成立が認められた事例を見てみると，例えば次のようなものがある。

(1)「麻薬事犯であるが，従来から麻薬を販売していた被告人両名が同居していた居室内に麻薬があった事案につき，両名に麻薬所持の共同正犯の成立を認めた事例（札幌高判昭28・5・14札幌要旨集20)」

(2)「被告人がYと通謀の上，覚醒剤を他に持っていくためYの携帯する鞄の中に入れ，連れ立って歩行中逮捕された事案につき，被告人はYと共同して覚醒剤を所持していたことは明らかであるとした事例（大阪高判昭29・2・22高判特28・87)」

(3)「被告人が，その運転する貨物自動車内に覚醒剤を所持するYを同乗させ，その所持に係る覚醒剤をともに車内に隠匿した上，取引場所まで運搬した事案につき，被告人とYとの共謀による所持罪の成立を認めた事例（青森地弘前支判昭51・11・29未登載)」

(4)「覚醒剤の所有者が覚醒剤を所持しているのを警察官に発見されて逮捕されるのを防ぐため，被告人において，自ら積極的に所有者に代わって覚醒剤の包みを持つことを申し出て，同人の了承の下に，これを手に持ち，同人と連れ立ってマンションを出て，20メートル歩いたにすぎない事案について，被告人と所有者との共謀による所持罪の成立を認めた事例（東京高判昭57・7・13高刑速（昭57）304)」

3　捜査上の留意事項

なお，この種所持事犯の捜査に当たって留意すべきことは，数人が現在する場所から覚醒剤が発見押収された場合，1人が「自分の物である」旨認めたとしても，現場に居合わせた者に共同所持の疑いがある限り，自己の物であると認めた者のみならず，居合わせた者全員を共同所持により逮捕するなどして取調べを行い，事案の真相を解明しておくべきことである。

現場に居合わせたうちの1名が自己の物であると認めたからといってその者だけを逮捕すると，その後になって，「自分の物ではなく，現場に居合わせた他の者の物である」等の弁解が出されることがあり，そうした際，既に関係者が所在不明になっていて取調べができないため，事案の真相の解明が困難となる場合があるからである。その上で，当該覚醒剤の入手方法，保管状況，犯行場所の状況，捜索時の関係者の言動などの諸点に留意し，関係者供述の裏付け捜査を実施することとなろう。

57　所持罪の幇助犯の具体的事例

> 所持罪の幇助犯が成立するのはどのような場合か。

〔関係条文〕覚せい剤14条，41条の2，刑62条1項

1　所持罪の幇助の意義

正犯を幇助した者を幇助犯（従犯）というが（刑62条1項），幇助とは，それ自体は犯罪の実行でない行為によって正犯による犯罪実行を容易にすることをいうのであって，自らは実行行為を行わない点で正犯と区分される。

一方，覚醒剤の所持罪における実行行為は「所持」であり，その意義は，「覚醒剤を自己の実力的支配内に置く行為」と解される。

したがって，所持罪の幇助犯とは，このような「自己の実力的支配内に置

く行為」以外の行為によって正犯の「自己の実力的支配内に置く行為」を容易にした者を意味するといえる。

2 典型的な所持罪の幇助犯

そこで，この関係の判例を見ると，典型的な幇助犯に関するものとしては，麻薬犯罪についてのものではあるが，次のようなものがある。

「麻薬所持の幇助は，物理的に容器，場所等を提供して麻薬の所持を容易ならしめる場合に限らず，当該麻薬を所持することを認識しながら，直接該所持に導くあらゆる一切の行為を謂うものと解するを相当とする」（東京高判昭27・4・5高判特29・116）。

3 本人が手にしていても幇助犯となる場合

ところで，本人が覚醒剤を現実に手にしていても，なお正犯ではなく幇助犯とされる場合があり，これに関する判例としては，例えば次のようなものがある。

(1) 覚醒剤の所持者から，その所持に係る覚醒剤の携行を依頼された者が，自らこれを支配する意思なくして，その依頼に応じその依頼者に随伴してこれを携行した所為は覚せい剤取締法14条1項，41条1項2号〔現：41条の2〕所定の所持罪を構成することなく，同罪の幇助罪を構成するものである。けだし，（略）その物に対する実力的支配は依然としてその依頼者に存し，依頼を受けたものにおいてこれを自ら支配する意思がない限り，その物に対する実力的支配関係を設定するものでなく，単に依頼者のその物に対する実力的支配を容易ならしめているにすぎないからである（福岡高判昭27・6・11高判特19・100）。

(2) 被告人が本件麻薬を現実に手にしたのは小分けをしたときと，C方で小分け薬包の受渡しをしたときだけであって，いずれも一時的なもので，これを目してAとの共同所持と認めるには充分ではない（福岡高判昭42・5・30福岡速報1004）。

これらの判例を見ると、(1)は正犯に随伴して携行した形態の事案についてのものであり、(2)は現実に手にしたのがほんの一時であった事案についてのものであるが、特に正犯が右手の使えない障害者であったためその手助けをしたという特殊事情も認定されているところである。

しかし、このような場合には、現実に覚醒剤を手にした事実があるので、具体的な事実内容如何によっては、それが「自己の実力的支配内に置く行為」に該当し所持の正犯と認定される場合も当然考えられるので、具体的事件の捜査、処理に当たっては注意を要するところである。

58 所持の個数

> 所持の個数の判断をどうするか。

〔関係条文〕覚せい剤41条の2、刑45条

1 一般的な所持の個数の判断基準

所持する覚醒剤を分けて保管したり、あるいは所持していた覚醒剤の一部を他人に譲り渡し、残りをさらに隠匿所持したりする事例が少なくない。このような場合、所持の個数、すなわち所持は1個か数個かということが問題となるが、その判断基準は何か。

一般に、所持の個数を判断するに当たっては、「社会通念によって、それが人と物との間に存する実力支配関係を客観的に表明するに足る個別性を有するか否かを究め、そこに1個の所持があるか、数個独立の所持があるかを決定しなければならない」(占領軍物資不法所持罪に関する最大判昭24・5・18刑集3・6・796) とされている。

2 覚醒剤事犯における所持の個数

このような観点から，覚醒剤事犯における所持の個数について検討すると，まず，同一時点において覚醒剤を所持している場合であっても，一部を直接所持し残りを間接所持している場合や，一部を身につけ残りを自宅内に置いている場合など，所持の態様が異なると認められる場合には，別個の所持と評価することができよう。

例えば，高松高判昭29・4・14（高判特36・33）は「本件被告人は原判決認定のように原判決日時頃その一部を自宅に隠匿し，別にその頃前記Z方に預けて各別にこれを所持していたものと認められ従って夫々につきこれが所持罪が成立すると解するのが相当である」と判示しており，また，最決昭50・1・27（刑集29・1・22）は，覚醒剤（粉末0.437g）を自宅でテレビの上に置いて所持する罪と，覚醒剤原料（粉末0.7612g）を自宅で着衣のポケットに入れて所持する罪とは，併合罪の関係にある旨判示している。

3 所持の態様が変化した場合

次に，当初一括して覚醒剤を所持していた場合であっても，例えばそのうちの一部の覚醒剤を別途隠匿し，あるいはその形状を変更するなど，所持の態様が異なるに至ったと認められる場合には，別途隠匿等された覚醒剤について当初の所持とは別個の所持が成立するものといえる。

例えば，最判昭30・4・19（刑集9・5・855）は「はじめ塩酸モルヒネ末五瓦入の瓶3本を所持していてその塩酸モルヒネ末の中の一部宛を順次相被告人Yに交付し注射液の製剤を依頼したものであること所論のとおりとしても，被告人はその後再び注射液として所持するに至ったことが認められるから，このような場合粉末全体の所持と注射液の所持とは別罪をなすと解することは不当とはいえない故に被告人の右所為を併合罪として処断した原判決は結局正当である」と判示し，また，東京高判昭34・2・26（高刑集12・3・230）は，「従来は一括して同一場所に所持していたものであっても，官憲の捜索によって発見されることを妨げる目的で，一括所持していたもの

の内から特に一部を分割して他の場所に隠匿所持するに至ったような場合には，最早右両者をもって包括単一の所持とは認められず，分割所持するに至ったものについては，分割されたときから従来の場所に引続き所持するものとは別個に新たな所持が開始されたものと認めるのを相当とする」と判示している。

59 所持罪と他罪との関係

覚醒剤の所持罪と他罪との関係はどうなるか。

〔関係条文〕覚せい剤13条，14条，15条，17条，19条，刑54条1項

1 製造，輸入，譲受罪との関係

製造，輸入，譲受（以下「製造等」という。）は，その行為自体が所持を伴うものであるから，製造等によって開始される所持は，製造等に伴う必然的結果として一時的に所持していると認められる限りにおいては，独立して評価されずに，製造等の行為に包括，吸収されて，製造等一罪のみが成立する。

しかし，製造等後引き続き所持された場合に，その所持の時間的経過，所持の態様の変更（例えば場所，保管方法や目的の変更）等により，その所持が，社会通念上製造等に当然包摂されるのではなく，製造等の行為とは別個独立の所持行為と認められる場合には，製造等に随伴しない別の所持罪が成立する。したがって，この場合は，製造等の罪とその後の所持罪とが成立し，併合罪となる（最決昭31・1・12刑集10・1・43，最判昭35・3・29裁判集刑事132・777，東京高判昭54・5・28高刑集32・2・138）。

2 譲渡，使用罪との関係

覚醒剤を所持する者が，これを他に譲渡し，又は使用した場合，所持罪と

譲渡罪又は使用罪とが別個に成立し，併合罪として刑が加重される。

東京高判昭52・6・1（未登載）も，所持罪と使用罪の関係について，「覚せい剤取締法は覚せい剤の所持と使用とを，それぞれ別個に処罰すべきものとして規定を設けているのであって，右立法趣旨からも窺われる右両罪の罪質，保護法益等に照らして考えれば，右両罪がたとえ同一の場所で極めて近接した時間内に行われたものであるとしても，これをいわゆる包括一罪とは評価しえないものであり，また覚せい剤の所持は，使用のためのほか譲渡を目的とする場合もあることなどを考えると，右両罪の間に通常刑法54条1項にいう犯罪の手段，結果の関係があるということもできない」と判示して併合罪としており，また，所持罪と譲渡罪との関係についても，東京高判昭26・9・10（高判特24・38）が同様の判断をしており，妥当である。

第6章　使用罪

60　「使用」の意義と使用罪の構成要件

> 覚醒剤の「使用」とは，どのような行為をいうのか。また，この「使用」罪の成立要件はどのようなものか。

〔関係条文〕覚せい剤19条，麻薬12条等

1　「使用」の禁止

　覚醒剤の使用は，①覚醒剤製造業者が製造のため使用する場合，②覚醒剤施用機関において診療に従事する医師又は覚醒剤研究者が施用する場合，③覚醒剤研究者が研究のため使用する場合，④覚醒剤施用機関において診療に従事する医師又は覚醒剤研究者から施用のため交付を受けた者が施用する場合，⑤法令に基づいてする行為につき使用する場合，を除いて何人も禁止されている（法19条）。
　「使用」とは，覚醒剤をその用途に従って用いる一切の行為をいう（札幌高判昭54・7・3刑集34・5・270）。

2　「使用」と「施用」

　法は，覚醒剤の最終消費段階として「使用」を禁止しているが，この「使用」と麻薬及び向精神薬取締法にいう「施用」（同法12条1項，27条1項，3項，4項，5項等）とはどのような関係にあるか。

麻薬及び向精神薬取締法上の「施用」とは，麻薬を注射，経口投与，塗擦等の方法により直接身体に用いることをいい，その対象は人に限らず，家畜等であってもよいと解されているところ，覚せい剤取締法の「使用」を見ると，使用の法定の除外事由を定めた本法19条2号に，覚醒剤施用機関（覚醒剤の施用を行うことができるものとして指定を受けた病院又は診療所）の医師等が，覚醒剤を「施用」する場合を「使用」の一形態として規定していることから，当然に「使用」は「施用」を含むと考えられる（札幌高判昭51・2・11〔未登載〕も，他人の身体に対して注射するなどして施用する場合が覚醒剤の使用に当たるとしている）。また，同条の1号，3号，5号の規定を参照すると，他の覚醒剤の製造に用いる場合や，研究に用いられる場合についても「使用」に含まれるから，「使用」は「施用」よりも広い概念である。

なお，「使用」に当たる以上，その目的如何を問わないし，どのような方法によるかも問わない。

3 使用罪の成立

覚醒剤の「使用」罪が成立するための要件は，

(1) 「法定の除外事由がないのに」
(2) 「覚醒剤を」
(3) 「使用する」

ことである。

上記の(1)の法定の除外事由とは，1の①から⑤まで列挙した事由である。

なお，使用罪は故意犯であるから，行為者において前記各要件に該当する事実を認識，認容していることが必要である。

6 使用の方法

> 覚醒剤の「使用」にはどのような方法があるか。

〔関係条文〕覚せい剤19条

1 使用の定義

　覚醒剤の「使用」とは，覚醒剤をその用法に従って用いる一切の行為をいい（札幌高判昭54・7・3刑集34・5・270），その目的，方法の如何を問わない。

　近年の使用事犯を見ると，社会の享楽的風潮を反映して，覚醒剤の使用方法も快感，刺激を求めて，従来あまり例を見なかったものが出現するなど，覚せい剤取締法にいう「使用」に当たる事例も多様化している。

2 「使用」の事例

　裁判例をとおして「使用」に当たるとされた事例を見ると，次のようなものがある。

(1)　「覚醒剤結晶約0.012gを，自己の虫歯の痛みを緩和する目的で，虫歯内に詰め込んだ上，これをえん下して使用した事例（宇都宮地判昭53・2・3未登載）」

(2)　「覚醒剤約0.02gをパイプで加熱して吸引して使用した事例（東京地判昭55・12・9未登載）」なお，本事例のように，覚醒剤を加熱して蒸散させこれを吸引した場合，粘膜から覚醒剤が体内に吸収されるので，その覚醒剤が尿から検出されるのは当然あり得るし，またこのような吸引によっても覚醒剤としての効果は得られるとされている。

(3)　「覚醒剤若干量を含有する水溶液約0.25㎡を，自己の膣内に注入して使用した事例（東京地判昭55・10・21未登載）」

(4)　「覚醒剤粉末約15mgを陰部に塗布して使用した事例（松江地判昭53・2・23未登載）」

(5)　「覚醒剤結晶性粉末0.15gを唾液で溶かして自己の亀頭，尿道口などに塗布して使用した事例（新潟地判昭55・12・23判時1015・145）」なお，同判決は，「覚せい剤であるフェニルメチルアミノプロパンは動物の粘

膜組織から吸収されることが実験的に明らかであるところ，人の亀頭及び尿道口は組織学的には右粘膜又はこれに極めて近い性状を有する組織であるから，当該部分にフェニルメチルアミノプロパンを溶かして塗布すれば人体内に吸収されることは否定し得ないものと認められるのであるから，そのような部位に覚せい剤を塗布する本件の如き行為が覚せい剤取締法にいう『使用』に該当することは明らかである」と判示している。

3　特異な事例

これらのほか，特異な事例として，罪証隠滅の意図で覚醒剤をえん下した事案につき，東京高判昭53・9・1（未登載）は，「覚せい剤の『使用』とは，覚せい剤を，その薬物としての用法に従って用いる一切の行為を指称するものであって，人体に施用する場合，注射，飲用，塗布その他薬物使用の方法によって，これを自己の身体に摂取あるいは投与した以上，行為者の主観的意図が，快感・刺激の享受であるか，芸術の研究であるか，あるいは隠匿であるか等の事情は，『使用』の成否にかかわりがない」とし，「被告人の主観的意図が隠匿にあったとしても，それ故に被告人の所為が『使用』にあたらないということができない」としており，東京高判平4・7・10（東高時報43・1＝12・25）も同旨の判断をしている。

62　馬に注射する行為と使用罪の成否

> 覚醒剤を馬に注射しても「使用」に当たるか。

〔関係条文〕覚せい剤19条，41条の3第1項

1　人以外の「使用」罪の成否

覚せい剤取締法にいう「使用」とは，覚醒剤をその用途に従って用いる一

切の行為をいう。

ところが，これらの事例は専ら人の「使用」に関するものであって，例えば，犬，猫等の動物に注射する行為もこれに該当するだろうか。

厩務員らが馬の競走能力を一時的に高めるために，出走予定の競走馬にあらかじめ覚醒剤を注射し，不正レースを敢行し，莫大な利益を得たという事件について，検察官は，当該行為は覚醒剤の「使用」に当たるとして起訴した事案において，果たして馬に覚醒剤を注射した行為が，本法にいう「使用」に当たるか否かが争われた事例があるので紹介しておく。

2 競走馬への注射（第一審）

まず，第一審では，弁護人は，「覚せい剤取締法は，覚せい剤の濫用により公衆の健康が害されるのを防ぐことを目的とし，覚せい剤が社会にまん延するのを防止するため，輸入，製造の段階，及び譲渡，譲受，所持という流通段階，並びに使用という最終消費段階のすべての行為を処罰の対象とするが，使用以外の行為は，人体への使用に結びつく可能性があり，その意味で公衆の健康に害を与える蓋然性のある行為で，そこに違法性を認めることができる。しかし，本件のように，馬に注射したような場合は，覚せい剤は馬の体内で費消されてしまい，人の健康に害を及ぼすおそれは全くないから，法的には覚せい剤を廃棄処分したのと同視しうるのであって，使用罪にあたらない」旨主張した。

これに対して第一審判決は，詳細な理由を判示した上，本件行為は「使用」に当たるとした（札幌地判昭54・2・15判時922・120）。

3 競走馬への注射（控訴審）

これに対して，被告人から右判決は立法趣旨を逸脱した不当な拡大解釈をしたものであるとし，法令適用の誤りを理由に控訴がなされたところ，控訴審判決（札幌高判昭54・7・3刑集34・5・270）は，「覚せい剤の『使用』とは，覚せい剤をその用法にしたがって用いる一切の行為を指称し，人体に

対する施用のみならず，本件の場合のような獣畜に対する施用とか他の薬品を製造するためや研究のための使用などをも含むと解するを相当とする」と判示し，その理由について，「同法の窮極的なねらいが覚せい剤の人体に対する保健衛生上の危害の防止にあたることは，所論指摘のとおりではあろうが，人体に対する施用以外の覚せい剤の使用を放任するにおいては，たとえ，覚せい剤の所持や譲受に対する取締を厳にしても，覚せい剤のまん延を喰い止めることができなくなり，ついには同法1条の立法趣旨，すなわち人体に対する保健衛生上の危害の防止に完全を期しえなくなるおそれがあると考えられ，更に，覚せい剤の害毒の重大性にかんがみるとき，同法は，覚せい剤の適正な使用を除くその余の一切の使用を禁止しているとみる」べきであるとし，控訴を棄却した。

右の判決に対し，被告人側から，上告がなされたが，最高裁（第2小決）は，「競走能力をたかめるため馬に覚せい剤を注射する行為が覚せい剤取締法19条にいう『使用』にあたるとした原審の判断は，相当である」（昭55・9・11刑集34・5・255）と判示して上告を棄却した。

63 他人の身体に注射した場合の刑責

> 他人の身体に覚醒剤を注射した場合には，何罪が成立するか。

〔関係条文〕覚せい剤19条，麻薬12条1項，27条1項，12条4項，27条5項

1 「施用」を受ける行為

他人の身体に覚醒剤を注射した場合の施用者及び受施用者については何罪が成立するのであろうか。ちなみに，麻薬及び向精神薬取締法では，覚せい剤取締法にいう「使用」の一態様である「施用」行為を禁止する（同法12条1項，27条1項等）一方，「施用」を受ける行為についても禁止規定（同法12条4項，27条5項）を設けている。

2 「使用」の範囲

本法19条にいう「使用」とは、覚醒剤をその用途に従って用いる一切の行為をいう。したがって、他人の身体に覚醒剤を注射する行為も、またその注射を受ける行為も、この「使用」に当たる。判例もこの理を明らかにしており、例えば、札幌高判昭51・2・10は、「同法19条は、覚せい剤の濫用による保健衛生上の危害を防止するため、同条所定の各号に掲げる場合以外の覚醒剤の使用をすべて禁止する法意と解されるので、いやしくも同条所定外の使用である限り、原判決も説示するようにこれを所持者自身の身体に使用する場合と他人の身体に使用する場合との間になんら区別すべき理由はないものというべきである。したがって、他人の身体に対して注射するなどして施用する場合が同条にいう覚醒剤の使用に当ることは多言を要しないところである」と判示している。

3 「注射を行った者」と「注射を受けた者」の関係

そこで問題は、この注射を行った者と注射を受けた者との関係である。例えば、一方の依頼を受けて他方が注射してやった場合、前記裁判例が述べたところからして、両者に使用罪が成立すると考えられるが、この場合両者の関係はどうなるか。

これについては、一般には両名に使用罪の共同正犯が成立する場合が多いといえよう。共同正犯とは、2人以上の者が意思を相通じて特定の犯罪を共同して実行することをいい、どのような場合に共同正犯が成立するかについては、究極的には事実認定の問題であり、具体的事案に即して各人の地位や関係、動機、犯意、行為、謀議の内容、利益の帰属等を総合して判断することになるが、設例のような場合においては、共同正犯が認められるのが通例であろう。

使用罪の共同正犯の成立を認めた事例としては、①Aが、覚醒剤であることを知っているBから、覚醒剤を自分にも注射してほしい旨頼まれ、これに応じて覚醒剤をBの腕に注射してやった事例（福岡高判昭54・7・4福岡

速報1258)，②Aは，Bに対して覚醒剤を代金5,000円で譲渡するから，これを注射しないかと申し込んだところ，Bも承諾して注射することになったが，Bが自分で注射する技量を有していなかったため，Bがタオルで自分の右上腕部を巻いてしめつけ，その腕にAが自己所有の注射器で覚醒剤を注射してやった事例（福岡高判昭54・6・21福岡速報1257），③A男とB女が性交を行うに当たって，B女の性感を高めるために，両名合意の上で，A男がB女に覚醒剤を注射した事例（東京地判昭54・6・29，同昭54・9・25いずれも未登載）などがある。

64 使用罪における実行の着手時期及び所持罪と使用罪との関係

> 覚醒剤「使用」罪の実行の着手時期はいつか。また，覚醒剤の所持罪と使用罪との関係はどうなるか。

〔関係条文〕覚せい剤41条の3第1項1号，3項，刑54条1項後段

1 実行の着手時期

　覚せい剤取締法は，覚醒剤使用罪の未遂を処罰することとしている（法41条の3第1項1号，3項）。この未遂罪は犯罪の実行の着手があって成立するものである。実行の着手とは，構成要件に該当する行為が開始された段階をいうが，実質的には，犯罪を実現するについての現実的な危険性を含む行為が行われたとき，すなわち実行行為自体あるいはこれに密接する行為が行われたときには実行の着手があるということができる。

　使用罪の実行の着手時期は，覚醒剤をその用法に従って用いる行為にとりかかった時点をいう。例えば，覚醒剤を注射によって人体に施用しようとする場合については，覚醒剤を人体に注射する目的で，注射器に注射液を吸入した上，人体に注入するための動作を始めたときに着手があったと解する。覚醒剤を注射するために，他から覚醒剤を購入したり，所持したりしている行為の段階では，覚醒剤の譲受罪，あるいは所持罪が成立するだけである。

2 使用罪の罪数

使用罪は、講学上即成犯（一定の法益の侵害又は侵害の危険が発生することによって完成し同時に終了する犯罪をいう）といわれるものであり、その性質上1回の使用があるごとに1罪が成立すると解される。

3 所持罪と使用罪の関係

覚醒剤を所持した者がこれを使用した場合に、所持罪と使用罪がそれぞれ成立し、両者は併合罪の関係に立つのか、あるいは両者は刑法54条1項後段の牽連犯の関係に立つのかという問題がある。

本法は、覚醒剤について法に定める除外事由以外の所持は、覚醒剤に対する厳重な規制、管理を乱すものであることからこれを処罰するものであり、また、法定の除外事由以外の使用は、その濫用の危険を防止するために処罰する趣旨と解される。さらに、覚醒剤の所持は、単に使用のためのみに所持するものとは限らないから、結局、所持行為と使用行為との間には通常手段結果の関係がなく牽連犯の関係は認められず、両罪が個別に成立し、併合罪の関係に立つものと解する。

判例も、覚醒剤の所持と使用が同一の場所で極めて近接した時間内に行われた事案についても、「法は覚せい剤の所持と使用とを、それぞれ別個に処罰すべきものとして規定を設けているのであって、右立法趣旨からも窺われる右両罪の罪質、保護法益等に照らして考えれば、右両罪がたとえ同一の場所で極めて近接した時間内に行なわれたものであるとしても、これをいわゆる包括一罪とは評価しえないものであり、また覚せい剤の所持は、使用のためのほか譲渡を目的とする場合もあることなどを考えると、右両罪の間に通常刑法54条1項後段にいう犯罪の手段、結果の関係があるということもできない」（東京高判昭52・6・1東京速報2238）としている。

所持していた覚醒剤の一部を使用し、その残余の物をその後も継続して所持した事案についても、右の使用と所持は別個独立の行為として併合罪になるとしている（広島地判昭50・12・19未登載）。

65 覚醒剤の体内残留期間

> 覚醒剤の体内残留期間はどのくらいか。

〔関係条文〕刑訴218条, 223条, 224条, 235条

1 尿鑑定

　人体に覚醒剤が摂取されたことを立証する方法としては, 血液の鑑定, 汗の鑑定, 尿の鑑定等があるが, このうち, 尿鑑定は, 人体に摂取された覚醒剤の成分が必ず尿の中に排泄され, しかも鑑定資料としての必要量を確保することが比較的容易であるから, 覚醒剤の自己使用事犯の捜査では一般的に尿の鑑定が活用されている。

2 覚醒剤の体内循環から排泄まで

　覚醒剤は, 経口投与による場合は, 消化器系臓器から人体に吸収され血液に移行し, 血管注射による場合には血液に含まれ, これらが血液の流れに従って体内を循環する。
　その間一部はそのままの形で, 一部は肝臓で代謝物を生成し, これが再度血液中に入って腎臓に運ばれ, そこで尿中に排泄され, ここで排泄し切れなかったものは, 再度血液中に入って, 同様に体内を循環することを繰り返しながら, 尿中に排泄されていく。
　そこで, 覚醒剤が人体に摂取されてから, それが全部尿中に排泄されるまでにはどの程度の期間を要するのか。すなわち覚醒剤の体内残留期間はどのくらいかという問題がある。
　このことは, 尿から覚醒剤が検出された場合に, どのくらいまでの期間の覚醒剤使用の立証が可能かという極めて高度な証拠上の意義をもつものである。

3　覚醒剤の体内残留期間

　イギリスのウィリアム研究室において、健康な2人の人間に、覚醒剤であるメタンフェタミン20mgを経口投与して行った実験結果によると、投与後24時間以内の尿中には投与量の55～69％が、24時間から48時間経過後では21～23％が、48時間から72時間経過後では4～8％が、72時間から96時間経過後では2～3％が、それぞれ排泄されていることが確認され、結局、投与後4日目までに、投与量の88～96％が尿中に排泄されたとされている。

　ただ、上記結果は、覚醒剤使用経験の全くない者が、20mgという少量の覚醒剤を1回だけ経口投与した場合の実験データであることに注意しなければならないだろう。

　我が国での動物実験の結果によれば、覚醒剤を連続的に摂取した場合においては、排泄期間が長くなることが確認されている。

　昭和52年6月から翌年9月にかけて、覚醒剤の注射による使用者19名について、逮捕直後から毎日その尿の提出を受けて、尿中の覚醒剤の鑑定を行った結果によると、このうち3名が逮捕後10日以上経過しても、薄層クロマトグラフィー法、ガスクロマトグラフィー法の鑑定手法により、その尿から覚醒剤反応が認められたことが報告されている。

　この際、これらの者が覚醒剤を実際に使用してから逮捕されるまでにはなおある程度の期間があったことも考慮する必要があろう。

　なお、採尿時期から27日間も前に覚醒剤を使用したとする原判決の認定は経験則に反するとした事例（東京高判昭58・7・25判時1095・158）に留意する必要がある。

　＊　参考文献　丹羽瀬鑒「覚せい剤について」衛生化学25・1・5（1979年），宮野豊・安藤皓章「尿に含まれる覚せい剤の鑑定について」法律のひろば33・5・26（1980年）。

66 採尿の際の留意事項

採尿の際の留意事項は何か。

〔関係条文〕刑訴218条，223条，224条，225条

1 尿鑑定の重要性

　使用事犯の捜査にあっては，被疑者から尿の提出を受け，鑑定の上覚醒剤を検出し，これを証拠として起訴することはもちろん，場合によっては組織的密売事犯の突き上げ捜査の端緒ともなることから，尿鑑定は，覚醒剤事犯の捜査手段として極めて有力な武器となるものである。

　他方，被疑者からすれば，尿を提出することによって起訴され，処罰されることから，尿の提出を拒否する場合も見受けられる。

　最決昭55・10・23（刑集34・5・300）が，一定の要件の下，強制採尿が認められることを明らかにしたものの，捜査官が行う一連の採尿手続について，

　(1)　「長時間にわたって身柄を拘束されたと同一の状態にあった」
　(2)　「暴行，脅迫を受け，強制的に採尿された」
　(3)　「使用事犯の捜査であることを秘したもので,採尿の目的を知らなかった」
　(4)　「偽計を用いて採尿された」
　(5)　「自分の尿ではなく他人のものである，あるいは，薬物を混入された」
等の主張がなされることは少なくない。

2 採尿手続の違法

　裁判例としても，警察官が実力を行使して被疑者を警察署に同行させ，退去を事実上不可能にした上で腕まくりさせて注射痕を写真撮影し，その

写真等の資料に基づいて発付を受けた捜索差押許可状を示して尿を提出させたという採尿手続は，重大な違法性を帯びる（大阪高判平4・2・5判時1421・142），警察官が被疑者の尿を採尿する目的のみで長時間警察署内に留め置き，被疑者が我慢できずにやむを得ず排出した尿を採取した捜査の手続には，令状主義を没却する重大な違法がある（福岡高判平6・10・5判時1520・151）とするものがある。

3　採尿手続の留意事項

　したがって，後日無用の抗弁をさせないために採尿の際には，次のような点に留意を要する。

(1) 採尿の趣旨及び手続等を十分に説明し，納得の下に採尿する。その際任意提出書，同意書を提出者に書かせる。

(2) 採尿の際，被疑者が他の者の尿や水等を混入することのないよう採尿の場所を点検し，捜査官が立ち会い（2人以上），監視を怠らない（他人からビニール袋に尿をもらい受けておき，尿を任意提出すると称して，採尿時にこれをコップに注ぎ入れた事例がある）。

(3) 採尿容器を被疑者自身に洗わせ，容器に薬品，異物等が残存していないことを確認させる。

(4) 採尿後，被疑者の面前で容器に入れ，封をし，被疑者に封印させ，その際には，封かん紙又は採尿容器のラベルへの署名・指（押）印の措置を確実に行う。

(5) 採尿後速やかに鑑定嘱託を行うが，その際他人の尿を混同しないよう配慮する。

(6) 採尿後は，領置調書又は差押調書はもとより，立会人を作成者とした採尿状況に係る捜査報告書を速やかに作成しておく（特に，覚醒剤使用の容疑の具体的内容及び採尿の必要性，採尿の日時，場所及び立会人，採尿時の被疑者の言動，採尿の容器と採尿量，鑑定嘱託の状況を明らかにするなどし，採尿経過を丁寧に記載しておく必要がある）。

67　強制採尿の際の留意事項

> 強制採尿の際の留意事項は何か。

〔関係条文〕刑訴218条, 223条, 224条, 225条

1　昭和55年決定

いわゆる強制採尿については，最決昭55・10・23（刑集34・5・300）が，捜索差押令状によって行うことができる旨判示して以来，実務においては同決定に従った運用がなされている。

2　強制採尿に必要な令状

同決定によると，①強制採尿は，「被疑事件の重大性，嫌疑の存在，当該証拠の重要性とその取得の必要性，適当な代替手段の不存在等の事情に照らし，犯罪の捜査上真にやむをえないと認められる場合には，最終手段として，適切な法律上の手続を経てこれを行うことも許されてしかるべきであり，ただ，その実施にあたっては，被疑者の身体の安全とその人格の保護のため十分な配慮が施されるべきものと解する」とし，②その手続は，「右の適切な法律上の手続について考えるのに，体内に存在する尿を犯罪の証拠物として強制的に採取する行為は捜索・差押の性質を有するものとみるべきであるから，捜査機関がこれを実施するには捜索差押令状を必要とすると解すべきである」が，③「右行為は人権の侵害にわたるおそれがある点では，一般の捜索・差押と異なり，検証の方法としての身体検査と共通の性質を有しているので，身体検査令状に関する刑訴法218条5項が右捜索差押令状に準用されるべきであって，令状の記載要件として，強制採尿は医師をして医学的に相当と認められる方法により行わせなければならない旨の条件の記載が不可欠であると解さなければならない」としている。

3 強制採尿の際の留意事項

強制採尿をするに当たっては,
(1) 「被疑者に対し,尿を自発的に提出するよう十分な説得を尽くすが,それでも尿の提出に応じない等,真にやむを得ない場合に行うこと(なお,覚醒剤の検出をおそれて,尿の提出を引き延ばす被疑者もあることに留意を要する)」
(2) 「捜索差押令状の請求に際しては,(1)の真にやむを得ない状況を証拠化しておくこと」
(3) 「強制採尿の実施に当たっては,被疑者の人権・名誉に配慮すること」
(4) 「捜索差押調書には,強制採尿に至った経緯,採尿の日時,場所及び方法,採尿を実施した医師の氏名等を記載していくこと」

等に留意すべきである。

関連する問題として,強制採尿令状を執行するに当たり,暴れる被告人の身体を複数の警察官及び看護師により押さえつけた行為につき,強制採尿令状の効力として認められる必要最小限度の有形力行使として適法であるとした事例がある(福岡高判平27・2・5高刑速(平27)282)。

68 強制採尿に伴う問題点

> 強制採尿に伴いどのような問題があり得るか(錯乱状態に陥った者に対する強制採尿は可能か,強制採尿令状により採尿場所まで被疑者を連行することは可能か)。

〔関係条文〕刑訴218条,223条,224条,225条

1 錯乱状態に陥った者に対する強制採尿は可能か

強制採尿を実施するに当たっての要件は,67のとおりであり,「犯罪の捜査上真にやむをえないと認められる場合」であることが強制採尿の要件の一

つとされていることから問題となる。

　この問題に関し，最決平3・7・16（刑集45・6・201）は，「被告人は，錯乱状態に陥っていて任意の尿の提出が期待できない状況にあったものと認められるのであって，本件被疑事実の重大性，嫌疑の存在，当該証拠の重要性とその取得の必要性，適当な代替手段の不存在等の事情に照らせば，本件強制採尿は，犯罪の捜査上真にやむを得ない場合に実施されたものということができるから，右手続に違法はない」旨判示している。

2　強制採尿令状により採尿場所まで被疑者を連行することは可能か

　この問題に関しては，最決平6・9・16（刑集48・6・420）が，「身柄を拘束されていない被疑者を採尿場所へ任意に同行することが事実上不可能であると認められる場合には，強制採尿令状の効力として，採尿に適する最寄りの場所まで被疑者を連行することができ，その際，必要最小限度の有形力を行使することができるものと解するのが相当である。けだし，そのように解しないと，強制採尿令状の目的を達することができないだけでなく，このような場合に右令状を発付する裁判官は，連行の当否を含めて審査し，右令状を発付したものとみられるからである。」と判示している。

　この判決は，強制採尿令状の効力として採尿場所まで被疑者を連行することを認めているが，任意の同行が事実上不可能であると認められる場合において，必要最小限度の有形力を行使できるにとどまることには留意する必要がある。

69　職務質問後，強制採尿令状の発付を受けての執行の留意点

　職務質問後，強制採尿令状の発付を受けて執行するに当たり，どのような点に留意したらよいか。

〔関係条文〕刑訴197条，218条

1 問題の所在

　覚醒剤の使用事案は、職務質問を端緒として被疑者を警察署等に任意同行した上、尿の任意提出を受けることにより発覚する場合が多いと思われるが、その一方、被疑者が任意同行に応じない場合は、強制採尿令状の発付を受けることが必要となるほか、強制採尿令状により被疑者を警察署等に連行することが必要となる。

　このような場合、強制採尿令状を請求し、その発付を受けて執行するためには、請求書や疎明資料を作成してこれらを裁判官に提出し、令状審査の後、発付された令状を持参して被疑者が所在する場所に戻り、これを執行するという過程を経ることとなるため、一般に、留め置きが長時間に及びやすく、また、そのための手段も強度のものとなりやすい面を否定できない。

　近時、強制採尿令状の請求準備開始後における留め置きの適法性について判示した高裁判例が現れ、強制採尿令状の発付を受けて執行するに当たり、留意すべき点を考える上で参考となると思われるので紹介する。

2 各高裁判例について

(1) 東京高判平21・7・1判タ1314・302（以下「平成21年判決」という）

　　平成21年判決は、被疑者を警察署の取調室に任意同行した後、強制採尿令状の請求準備を開始した事案に関するものであり、被疑者の留め置きは、その請求準備の開始前後にわたって行われているところ、そのうち請求準備開始後の留め置きについて、下記のとおり判示している。

ア　「本件留め置きの任意捜査としての適法性を判断するに当たっては、本件留め置きが、純粋に任意捜査として行われている段階と、強制採尿令状の執行に向けて行われた段階（以下、便宜「強制手続への移行段階」という。）とからなっていることに留意する必要があり、両者を一括して判断するのは相当でない」

イ　「強制採尿令状の請求手続が開始されてから同令状が執行されるま

でには相当程度の時間を必要とすることがあり得，それに伴って留め置き期間が長引くこともあり得る。そして，強制採尿令状の請求が検討されるほどに嫌疑が濃い対象者については，強制採尿令状発付後，速やかに同令状が執行されなければ，捜査上著しい支障が生じることも予想され得ることといえるから，対象者の所在確保の必要性は高く，令状請求によって留め置きの必要性・緊急性が当然に失われることにはならない。」

ウ 「本件では，……強制採尿令状請求の準備……行為から強制採尿令状が発付されるまでの留め置きは約2時間40分であり，同令状執行までは約2時間58分かかっているが，これらの手続の所要時間として，特に著しく長いとまでは見られない。」，「この間の留め置きの態様を見ると，……警察官らが，被告人を本件取調室内に留め置くために行使した有形力は，退出を試みる被告人に対応して，その都度，被告人の前に立ち塞がったり，背中で被告人を押し返したり，被告人の身体を手で払う等といった受動的なものに留まり，積極的に，被告人の意思を抑圧するような行為等はされていない。」，「警察官らは，本件取調室内で，被告人と長女や妻との面会や，飲食物やその他必要とされる物品の授受，携帯電話による外部との通話も認めるなど，被告人の所在確保に向けた措置以外の点では，被告人の自由が相当程度確保されており，留め置きが対象者の所在確保のために必要最小限度のものにとどまっていたことを裏付けている。」

「以上を総合して考えると，本件では，強制採尿令状請求に伴って被告人を留め置く必要性・緊急性は解消されていなかったのであり，他方，留め置いた時間も前記の程度にとどまっていた上，被告人を留め置くために警察官が行使した有形力の態様も前記の程度にとどまっていて，同時に，場所的な行動の自由が制約されている以外では，被告人の自由の制約は最小限度にとどまっていたと見ることができる。そして，捜査官は令状主義に則った手続を履践すべく，令状請求をしていたのであって，もとより令状主義を潜脱する意図などなかったと見ることができる。そうすると，本件における強制手続への移行段階

における留め置きも，強制採尿令状の執行に向けて対象者の所在確保を主たる目的として行われたものであって，いまだ任意捜査として許容される範囲を逸脱したものとまでは見られないものであったと認めるのが相当である。」

エ 「最後に付言すると，強制手続への移行段階における留め置きであることを明確にする趣旨で，令状請求の準備手続に着手したら，その旨を対象者に告げる運用が早急に確立されるのが望まれる」

(2) 東京高判平22・11・8高刑集63・3・4（以下「平成22年判決」という）

平成22年判決は，被疑者を職務質問の現場に留め置いたまま，強制採尿令状の請求準備を開始した事案に関するものであり，この事案においても，留め置きは，その請求準備の開始前後にわたって行われているところ，そのうち請求準備開始後の留め置きについて，下記のとおり判示している。

ア 「本件における……留め置きの適法性を判断するに当たっては，午後4時30分ころ，B巡査部長が……捜索差押許可状（強制採尿令状）……請求の手続に取りかかっていることに留意しなければならない。……強制採尿令状の請求に取りかかったということは，捜査機関において同令状の請求が可能であると判断し得る程度に犯罪の嫌疑が濃くなったことを物語るものであり，その判断に誤りがなければ，いずれ同令状が発付されることになるのであって，いわばその時点を分水嶺として，強制手続への移行段階に至ったと見るべきものである。したがって，依然として任意捜査であることに変わりはないけれども，そこには，それ以前の純粋に任意捜査として行われている段階とは，性質的に異なるものがあるとしなければならない。」

イ 「午後4時30分ころ以降強制採尿令状の執行までの段階について検討すると，同令状を請求するためには，予め採尿を行う医師を確保することが前提となり，かつ，同令状の発付を受けた後，所定の時間内に当該医師の許に被疑者を連行する必要もある。したがって，令状執行の対象である被疑者の所在確保の必要性には非常に高いものがあ

るから，強制採尿令状請求が行われていること自体を被疑者に伝えることが条件となるが，純粋な任意捜査の場合に比し，相当程度強くその場に止まるよう被疑者に求めることも許される」

ウ 「本件について見ると，午後4時30分ころに，被告人に対して，強制採尿令状の請求をする旨告げた上，B巡査部長は同令状請求準備のために警察署に戻り，午後7時ころ東京簡易裁判所裁判官に対し同令状の請求をして，午後7時35分同令状が発付され，午後7時51分，留め置き現場において，これを被告人に示して執行が開始されているが，上記準備行為から強制採尿令状が発付されるまでの留め置きは約3時間5分，同令状執行までは約3時間21分かかっているものの，手続の所要時間として，特に著しく長いとまでは認められない。」，「この間の留め置きの態様を見ると，……警察官が被告人に対し，その立ち去りを防ごうと身体を押さえつけたり，引っ張ったりするなどの物理力を行使した形跡はなく，被告人の供述によっても，せいぜい被告人の腕に警察官が腕を回すようにして触れ，それを被告人が振り払うようにした程度であったというのである。……その間に，被告人は，被告人車両内で携帯電話で通話をしたり，たばこを吸ったりしながら待機していたというのであって，この段階において，被告人の意思を直接的に抑圧するような行為等はなされておらず，駐車車両や警察官が被告人及び被告人車両を一定の距離を置きつつ取り囲んだ状態を保っていたことも，上記のように，強制採尿令状の請求手続が進行中であり，その対象者である被告人の所在確保の要請が非常に高まっている段階にあったことを考慮すると，そのために必要な最小限度のものにとどまっていると評価できるものである。加えて，警察官らは，令状主義の要請を満たすべく，現に，強制採尿令状請求手続を進めていたのであるから，捜査機関に，令状主義の趣旨を潜脱しようとの意図があったとは認められない。」

3 実務上の留意点

(1) 総　論

　平成 21 年判決と平成 22 年判決は，強制採尿令状の請求準備の開始前後で明確に区分し，その開始前を純粋な任意捜査の段階，開始後を強制手続への移行段階として位置づけている（いわゆる二分論）。二分論の理論的位置づけについては種々議論があるものの，被疑者の留め置きを任意処分と位置づけた場合は，実務的には次のようなことがいえるように思われる。

　まず，一般論として，職務質問における留め置きについては，制約される権利利益として，対象者の移動の自由のほか，身体の安全等が考えられ，警察官による有形力の行使や言動によって，被疑者が心理的圧力を受け，意思に反して一定程度以上の長時間にわたりその場に留まることになったようなときは，重要な権利利益の制約があり，強制処分に当たり得ると考えられる。その上で，強制採尿令状の請求準備開始前の留め置きは，被疑者に対し，任意の採尿に応じるよう説得するためのものであり，その留め置きの相当性も，そのような目的との関係で判断されることから，例えば，被疑者の拒絶意思が明確であれば，個別の事案によるものの，それ以降の留め置きは必要性を欠き，相当性が認められない場合があり得ることから，その説得のための留め置きは相応に限定されることとならざるを得ないと思われる。捜査官には，強制採尿令状を請求して強制捜査に移行するか，被疑者を解放するかについて，事案に即応した的確な見極めが求められているといえよう。

　これに対し，強制採尿令状の請求準備後の留め置きは，令状の執行に向けた準備としての被疑者の所在確保という意味を持つこととなり，とりわけ，強制採尿令状発付後においては，いまだ令状が被疑者に示されていないとしても，既に令状自体は発付されている以上，その執行のために被疑者の所在を確保しておく必要性は極めて高いといえる。任意捜査として採り得る手段・方法の態様・程度には，その捜査活動を行うべき必要性・緊急性の内容・程度が影響を及ぼし得ることからすると，強

制採尿令状の請求準備の開始後においては，その開始前とは異なる態様・程度の手段・方法を採り得ることとなろう。もとより，このような考え方を前提とした場合であっても，あくまで任意捜査の枠内で行われる必要があることから，強制手段を用いることはできない。

* 二分論に批判的な裁判例として札幌高判平26・12・18（判タ1416・129）がある。同判決は，検察官が二分論を引用したのに対し，「犯罪の嫌疑の程度は，採尿令状の請求準備を開始するか否かという警察官の判断により直ちに左右されるものでない上，本件において，その段階で，嫌疑を深めるべき新たな証拠や事実が発見されてもいないから，上記のような警察官の判断時点を境界として，許容される留め置きの程度に有意な違いが生じるものと解することは，必ずしも説得力のある立論ではない」として明確にこれを否定し，特に平成22年判決で，令状請求の準備を開始したことをもって「捜査機関において同令状の請求が可能であると判断し得る程度に犯罪の嫌疑が濃くなったことを物語る」と評価した点を批判している。

(2) 各 論

ア 時間について

留め置きの時間が「著しく長いもの」であったか否かについては，強制採尿令状に係る一連の手続に実際に要した時間が，通常要すると考えられる範囲内にあるか否かが一つの判断基準になると思われる。

すなわち，強制採尿令状の発付を受けてこれを執行するためには，職務質問の現場から警察署までの移動，請求書，疎明資料の作成，警察署から裁判所までの移動と請求書等の提出，令状審査，裁判所から職務質問の現場までの移動と令状の提示といったことが必要となるところ，これらに通常要する時間内においては，基本的に留め置きが許容され得るといえよう。

この点，平成21年判決の事案では約2時間58分，平成22年判決の事案では約3時間21分となっているが，具体的にどの程度の時間であれば留め置きが許されるかについては，個別の事案における具体的事実関係によるところが大きいため，一概にはいえず，前記各判決

を基に，留め置きが許容される時間が概ね3時間程度ということはできないであろう。

イ　態様について

平成21年判決は，「強制手続への移行段階における留め置きであることを明確にする趣旨で，令状請求の準備手続に着手したら，その旨を対象者に告げる運用が早急に確立されるのが望まれる」と判示し，平成22年判決は，「強制採尿令状請求が行われていること自体を被疑者に伝えることが条件となるが」と前置きした上で，「純粋な任意捜査の場合に比し，相当程度強くその場に止まるよう被疑者に求めることも許される」と判示している。

これらの事情から，強制採尿令状の請求準備後の留め置きについては，被疑者を所在確保のために留め置く以上，その移動の自由を一定程度制約することとならざるを得ないところ，被疑者の理解の確保の観点から，強制採尿令状請求が行われていること自体を被疑者に伝えることが無難であろう。もっとも，その場合でも，あくまで任意捜査として行うものであることからすれば，行使し得る有形力の行使の程度も相応に限定されることとなろう。例えば，被疑者を身柄拘束した場合に，被疑者に携帯電話による通話を許すことがないことからすれば，これを許すことは，その留め置きが強制手段にわたらないことを基礎付ける事情となり得るといえよう。

このほか，このような告知を行ったことは，その後の留め置きが，令状主義の諸規定を潜脱する意図がなかったことを裏付ける事実の一つともなろう（このような告知が留め置きの許容性の要件とされた近時の高裁判例として，東京高判平25・5・9高刑速（平25）63がある）。

70　使用罪における弁解事例

覚醒剤の使用罪についての弁解事例にはどのようなものがあるか。

〔関係条文〕覚せい剤19条，41条の2，41条の3

1　弁解事例──尿鑑定

　これまで裁判上問題となった主な弁解事例を見ると次のようなものがある。

　まず，自己の尿中から覚醒剤が検出された点について，警察が誤って他人の尿と取り違えたためであると主張するケースがある。東京地判昭53・2・24（未登載）では，被告人が「尿を提出したと同じ日に同じ留置場にいた他の者も尿を提出しているので，同人の尿と被告人の尿とが取り違えられた」と主張している（これに対しては，警察における採尿に係る尿の取扱状況，特に尿の特定について必要な注意を払っていることを立証して，その主張を排斥している）。

　次に，本件犯行当時服用していた風邪薬に覚醒剤が含まれていたためであると主張した事例（前記東京地判）や，腰痛症と十二指腸潰瘍のため注射及び投与を受けた薬剤ノイコリンP・ロキシーン，三共胃腸薬とトランキライザーが体内で化学的変化を起こして，排泄した尿から覚醒剤の反応やRf値を示したのであると主張した事例（福岡高判昭54・11・22（未登載））がある（前者においては，市販の風邪薬の中には覚醒剤の成分は全く含有されていないこと，後者においては，県警本部犯罪科学研究所において，これまで覚醒剤以外で同じような反応を示した事例は1回もないこと，人体内で化学的変化をした結果覚醒剤に変化し，覚醒剤と同様のRf値を示す薬物は市販されていないことを立証して，その主張を排斥した）。さらに，被告人の尿から検出された覚醒剤はキムチの摂取によるものであるとの主張が排斥された事例（東京地判昭59・7・25判時1123・138，同地判昭59・7・26判時1123・140，東京高判昭59・8・29刑月16・7＝8・541）や，ダンリッチの服用による疑いがあるとの主張が排斥された事例（東京高判昭59・11・15判時1159・179）がある。

　このほか，被告人の尿から検出された覚醒剤は合法ドラッグの摂取によるものであり，当該薬物を摂取したとき，それが覚醒剤を含有するものであるという認識はなかったとの主張が排斥された事例（大阪高判平28・2・10高刑速（平28）181。「被告人の尿中から覚せい剤の成分が検出された以上，特段の

事情が存在しない限り，被告人が自らの意思に基づいて覚せい剤をそれと認識した上で摂取したと推認するのが相当である。」と判示），尿から覚醒剤が検出されたのは覚醒剤を加熱吸引していた者の煙（副流煙）を吸ったからである旨の被告人の原審公判供述の信用性を認めて被告人に無罪を言い渡した原判決は，被告人の原審公判供述の信用性の評価を誤ったものであるとして，これを破棄して有罪とした事例（東京高判平30・1・12東京速報3632号）がある。

2 弁解事例——注射痕

　次に，注射痕が認められる場合の弁解事例を見ると，高松高判昭53・6・7（未登載）では，犯行日とされた日の数日前まで医院でペンタジン注射等をしてもらったものであるとの主張が，東京高判昭54・6・7（判タ397・168）では，肝臓の治療のために受けた注射痕であるとの主張がなされている（前者については，逮捕される3日以前までに医院で前後3日にわたりペンタジンやグロンサン等の薬液を腕の静脈部に注射してもらっていたことはあるが，当時，覚醒剤を容易に入手できる環境にいたこと，以前に覚醒剤の注射をしていたこと等を立証し，後者については，犯行日と推定される日の相当期間内に治療のための注射をしていないこと，多数の注射痕があること，居宅内で注射筒や多数の注射針を発見したこと，以前にも覚醒剤注射の事実があること等を立証して，その主張を排斥している）。

　否認ではあっても被疑者の弁解を十分に尽くさせ，十分な裏付捜査を遂げる要がある。

71 否認事件（その1　問題の所在）

> 　尿の鑑定の結果覚醒剤が検出されたにもかかわらず，覚醒剤の使用を否認している場合に，その使用の日時，場所及び方法をどのようにして，どの程度明らかにすればよいか。　　　（その1　問題の所在について）

〔関係条文〕覚せい剤19条，刑訴256条3項

1　使用罪の訴因明示の困難性

　覚醒剤の使用罪のうち，とりわけ自己使用罪の捜査にあっては，尿鑑定の結果覚醒剤が検出されたにもかかわらず，これを目撃した者もなく，かつ被疑者が使用の事実を否認あるいは黙秘しているため，使用の日時，場所及び方法を明らかにすることが困難な場合が少なくない。

　他方，これらの犯人を使用罪で起訴する場合の起訴状に記載する公訴事実は，訴因を明示してこれを起訴しなければならず，この訴因を明示するためには，できる限り日時，場所及び方法をもって罪となるべき事実を特定してこれをしなければならないとされている（刑訴 256 条 3 項）。

　したがって，例示のような覚醒剤使用事犯の捜査にあっては，その使用の日時，場所及び方法を明らかにするため，どのような証拠を収集して，どの程度の立証をすべきかが問題となる。

2　刑訴法 256 条 3 項の解釈

　訴因の特定に関する刑訴法 256 条 3 項の解釈をめぐって学説上種々の見解が示されているが，判例によると，同条項の趣旨は「裁判所に対し審判の対象を限定するとともに，被告人に対し防禦の範囲を示すことを目的とするものと解されるところ，犯罪の日時，場所及び方法は，これら事項が，犯罪を構成する要素になっている場合を除き，本来は，罪となるべき事実そのものではなく，ただ訴因を特定する一手段として，できる限り具体的に表示すべきことを要請されているのであるから，犯罪の種類，性質等の如何により，これを詳らかにすることができない特殊事情がある場合には，前記法の目的を害さないかぎりの幅のある表示をしても，その一事のみを以て，罪となるべき事実を特定しない違法があるということはできない」（いわゆる白山丸事件に関する最大判昭 37・11・28 刑集 16・11・1633）とされている。

3　覚醒剤の自己使用事犯における訴因の特定の程度

　覚醒剤の自己使用事犯についても，判例は同様の考え方に立ち，「『被告人は，法定の除外事由がないのに，昭和54年9月26日ころから同年10月3日までの間，広島県高田郡吉田町内及びその周辺において，覚せい剤であるフェニルメチルアミノプロパン塩類を含有するもの若干量を自己の身体に注射又は服用して施用し，もって覚せい剤を使用したものである。』との本件公訴事実の記載は，日時，場所の表示にある程度の幅があり，かつ，使用量，使用方法の表示にも明確を欠くところがあるとしても，検察官において起訴当時の証拠に基づきできる限り特定したものである以上，覚せい剤使用罪の訴因の特定に欠けるところはないというべきである」（最決昭56・4・25刑集35・3・116）としており，多くの下級審判決もこの考え方に立っている。

72　否認事件（その2　使用日時，場所及び方法の特定）

> 　尿の鑑定の結果覚醒剤が検出されたにもかかわらず，覚醒剤の使用を否認している場合に，その使用の日時，場所及び方法をどのようにして，どの程度明らかにすればよいか。
> 　　　　　　　　　（その2　使用の日時・場所・方法の特定について）

〔関係条文〕覚せい剤19条，刑訴256条

1　判例の見解

　覚醒剤の自己使用罪は，犯罪の性質上目撃者等が少なく，尿鑑定により使用事実が証明される場合でも，その日時，場所及び方法については被疑者の自白に頼らざるを得ないところ，被疑者が否認しているといった特殊事情があるときは，起訴状に公訴事実を記載するに当たり，ある程度幅のある表示が許されるとするのが判例である。この立場に立った判例としては，①最決昭56・4・25（刑集35・3・116），②仙台高秋田支判昭56・11・17

(判時1027・135)，③東京高判昭55・12・25（東京速報2479），④東京高判昭55・11・19（東京速報2465），⑤東京高判昭55・2・28（判時973・135，高刑集33・1・72），⑥東京高判昭54・10・24（判夕407・156，判時973・132，刑月11・10・1141），⑦名古屋高判昭54・2・14（刑集34・5・314），⑧東京地判昭55・9・10（未登載），⑨東京地判昭53・6・28（未登載），⑩松江地判昭52・12・12（未登載）がある。

2 起訴状の記載方法

そこで，使用の日時，場所及び方法についての起訴状の記載方法について，前記の裁判例をとおして見ると，次のとおりである。

(1) 使用日時

まず，使用日時については，通常，覚醒剤の体内残留期間を根拠にして，特段の事情がない限り，採尿時から遡って数日から1週間〜10日程度の期間をもって犯行の日を表示しているものが多く，具体的には，「昭和54年9月26日ころから同年10月3日まで」と日をもって表示しているものと（①事例。③，⑧事例も同旨），「昭和56年2月末ころから同年3月6日ころまでの間」と旬と日をもって表示しているもの（②事例。⑤，⑥，⑦事例も同旨）がある。

(2) 使用場所

次に，使用場所については，採尿時から遡って覚醒剤の体内残留期間内の被疑者の行動状況ないしはその地域範囲を極力特定した上で表示しているものが多く，具体的には，「広島県高田郡吉田町内及びその周辺」（①事例），「東京都内又はその周辺」（⑧事例）などがある。

(3) 使用方法

使用方法については，否認の場合，注射器，注射痕，覚醒剤使用歴等の情況証拠によって推認して表示している。

具体的には，注射器が押収され，注射痕が認められるという状況がある場合については，「注射して使用」と表示し（②，③，⑤事例），これ

らがない場合には,「施用して使用」と表示している(⑧, ⑨事例)。

73 より幅のある記載への訴因変更の可否

> 覚醒剤使用の日時,場所及び方法に関する訴因の記載をより幅のある記載に変える訴因変更は許されるか。

〔関係条文〕覚せい剤19条,刑訴256条,312条

1 審理の進捗に伴う訴因変更

　覚醒剤の自己使用罪において,捜査段階に収集した証拠に基づき,使用の日時,場所及び方法に関する訴因の記載を特定して起訴したにもかかわらず,公判廷において被告人が否認し,捜査段階においては供述していなかった弁解をするといったことが少なくない。

　このような場合に,訴因の記載をより幅のある記載に変える訴因変更を行うことは許されるか。

　この問題に関し,札幌高判平元・9・5(判時1339・159)は,「公訴事実は,できる限り日時,場所及び方法をもって罪となるべき事実を特定することにより訴因を明示して記載すべきことは,刑事訴訟法256条3項の命ずるところであるが,犯罪の種類,性質,証拠等のいかんにより,罪となるべき事実の日時,場所及び方法の特定には自ずと制約があるのであって,右法条の法意にもとらない限りにおいて,ある程度の幅を持たせた特定の仕方も容認されるというべきである。このことは,起訴時における検察官手持ちの証拠を基に訴因を記載する場合はもちろんのこと,訴因として掲げた罪となるべき事実の日時,場所,方法等が,公判審理の進捗に伴い,証拠との関係上そのまま維持することが相当ではなくなったために,訴因を変更しようとする場合においても変わるところはない。」と判示した。

2 概括的な訴因の記載をする際の留意事項

このように、覚醒剤の自己使用罪においては、ある程度幅のある訴因の記載で起訴し、あるいは幅のある訴因への変更が認められている。

しかし、他方で、東京高判平6・8・2（高刑集47・2・282，判タ876・290）は、「覚醒剤使用の日時を『平成6年1月上旬ころから同月18日までの間』、その場所を『千葉県内またはその周辺地域』などと記載された公訴事実に基づき、証拠調べをした結果、訴因の範囲内で、使用の日時、場所等をより具体的に特定できるほか、社会的事実として両立し得る他の使用事実も存在することがうかがわれる判示の事情の下においては、裁判所は、検察官に釈明を求め訴因をより具体的に特定させるべきである」旨判示しており、ある程度幅のある訴因の記載が常に許容されるわけではないので、留意する必要がある。

74 同一人による回数の使用と罪数

> 同一人が数回にわたって覚醒剤を使用した場合の罪数はどうか。

〔関係条文〕覚せい剤19条，41条の3，刑45条

1 複数回の使用の罪数

覚醒剤の使用事犯においては、同一人が何回にもわたって覚醒剤を使用している事例が少なくない。このような場合、数回にわたる使用行為の罪数はどうなるのであろうか。

2 併合罪とする場合

一般に罪数を定めるに当たっては、犯意、法益、行為を総合的に斟酌して、

構成要件的評価の回数によりこれを定めるのが妥当であり，その評価の前提として，当該構成要件がどのような行為を想定し，どのような法益を保護しようとしているのか等を検討することが必要であるとされている。

ところで，覚せい剤取締法19条が一定の事由がある場合を除いて覚醒剤の使用を一般的に禁止している趣旨は，覚醒剤濫用の及ぼす害悪を防止するため，所定の合理的適正使用の場合を除くほかは，覚醒剤を用いることを全て禁圧しようとすることにあり（東京高判昭53・9・12刑月10・9＝10・1181），各使用行為をそれぞれ取り締まるのが法意であると考えられる上，使用とは覚醒剤をその用途に従って用いることであり，その用法に従ってこれを用いた以上犯罪は完成するといえるから，同一人が数回にわたって覚醒剤を使用した場合は，原則として併合罪となると解される。

広島高判昭58・9・8（刑月15・9・464）は，同一場所で，30分間隔でなされた3回の覚醒剤自己使用を併合罪としている。

3　包括一罪とする場合

しかし，同一人が数回にわたって覚醒剤を使用した場合，犯意の単一性，各行為の時間的連続性，犯行場所の同一性，犯行方法の同一性，犯行の際の事情の同一性等に照らして，いわゆる包括一罪とされる場合もあり得よう。例えば，最判昭31・8・3（刑集10・8・1202）は，麻薬事犯についてであるが，医師で麻薬施用者としての免許を受けている被告人が，昭和23年6月15日頃から同年9月30日頃までの間54回（以下1の所為という）及び昭和26年8月10日頃から同年10月16日頃までの間35回（以下2の所為という）にわたり，自宅診療所において麻薬中毒患者であるAに対し，その中毒症状を緩和する目的をもって麻薬である塩酸モルヒネ注射89本（0.629g）を施用したという事案について，「右1，2の各所為は，それぞれ各行為の間に時間的連続と認められる関係が存し，同一の場所で1人の麻薬中毒患者に対しその中毒症状を緩和するために麻薬を施用するという同一事情の下において行われたものであること原判決が有罪の言渡をした右事実につき挙示している証拠からも窺われ，かつ，いずれも同一の犯罪構成要

件に該当し、その向けられている被害法益も同一であるから、単一の犯意にもとづくものと認められるのであって、右1，2の各所為は、それぞれ包括一罪であると解するのが相当であり、独立した各個の犯罪と認定すべきではない」と判示しており参考となろう。

4 実務における罪数の処理

もっとも、実務においては被疑者の尿から覚醒剤が検出され、被疑者が採尿前数回にわたる覚醒剤の使用事実を自供している場合であっても、特段の事情がない限り、最終使用事実を特定した上その事実により捜査処理していることが多いであろう。

第7章　営利目的加重規定

75　営利目的加重規定を積極的に活用することの必要性

営利目的事犯に対して営利目的加重処罰規定を積極的に活用することはなぜ必要か。

〔関係条文〕覚せい剤41条，41条の2，41条の3，41条の4

1　営利目的事犯への加重処罰

覚せい剤取締法には，営利目的事犯に対し，懲役刑の法定刑の大幅な引上げと情状による相当高額の罰金併科刑を定めた，いわゆる営利目的加重処罰規定が設けられている。

すなわち，本法41条は，1項で覚醒剤の輸入，輸出，製造の各罪に対して1年以上の有期懲役に処すると規定した上で，2項で「営利の目的で前項の罪を犯した者は，無期若しくは3年以上の懲役に処し，又は情状により無期若しくは3年以上の懲役及び1,000万円以下の罰金に処する」と規定し，本法41条の2は，1項で覚醒剤の所持，譲渡し及び譲受けの各罪に対して10年以下の懲役に処すると規定した上，2項で「営利の目的で前項の罪を犯した者は，1年以上の有期懲役に処し，又は情状により1年以上の有期懲役及び500万円以下の罰金に処する」と規定し，本法41条の3は，1項で，覚醒剤の使用，覚醒剤原料の輸入，輸出及び製造等の各罪に対し10年以下の懲役に処すると規定した上，2項で「営利の目的で前項の違反行為をした者は，1年以上の有期懲役に処し，又は情状により1年以上の有期懲役及び

500万円以下の罰金に処する」と規定し，さらに本法41条の4は，1項で覚醒剤原料の所持，譲渡し，譲受け，使用等の各罪に対して7年以下の懲役にすると規定した上，2項で「営利の目的で前項第2号から第5号までの違反行為をした者は，10年下の懲役に処し，又は情状により10年以下の懲役及び300万円以下の罰金に処する」と規定している。

2 加重処罰の理由

このように，営利目的事犯に対して刑の加重規定が設けられているのは，覚醒剤事犯が営利を目的として行われる場合には「行為が反復累行され，あるいは行為自体が大規模，大胆かつ積極的に行われる場合が多く，行為自体のもつ社会的危険性が，そのような目的なしに行われる場合に比べてはるかに大きいという点に着目しているものと考えられ」(亀山継夫「他人に利得させる目的と刑法第65条」研修376・65)，その違法性が非営利目的事犯に比してはるかに大きいことによる。

3 営利目的事犯と暴力団等

昭和45年頃から顕著となった覚醒剤濫用の傾向が，今日に至るもなお鎮静化の兆しを見せていないが，その背景には，暴力団等が，覚醒剤の不正取引のもたらす巨額な利潤を彼等の有力な資金源として，その供給ルートを組織的に拡大強化している事実のあることが，つとに指摘されている。

したがって，覚醒剤犯罪の根絶を期すためには，暴力団等のかかる営利を目的とする事犯に対して営利目的加重規定の積極的な活用を図ること，つまり，これに対する捜査を徹底して営利目的の内容を解明した上，積極的に営利目的事犯として起訴してこれに対する厳正な科刑の実現を図り，そのことをとおして暴力団等を壊滅し，あるいは彼らを覚醒剤の不正取引から撤退せざるを得ない状態にまで追い込むことが極めて肝要である。

76 「営利の目的」の意義

「営利目的」の意義は何か。

〔関係条文〕覚せい剤41条，41条の2，41条の3，41条の4

1 「営利目的」の解釈

営利目的事犯に対する刑の加重規定である「営利目的」の意義について，最決昭35・12・12（刑集14・13・1897）は，「財産上の利益を得る目的」の意であると解している。

2 「財産上の利益」の解釈

この「財産上の利益」とは，財物を含めた一切の財産上の利益をいい，財産的価値を有する利益であればその性質を問わないと解される。

これを覚醒剤事犯の判例で見ると，寄宿して寝食の世話を受け，あるいは覚醒剤の分与を受けることも利益に当たるとする裁判例（東京地判昭54・9・4未登載）がある。

また，麻薬事犯の裁判例ではあるが，営利の観念には積極的利益はもとより消極的利益をも含むとする裁判例（大阪高判昭31・11・22未登載）や，共犯者に融通していた金員の回収が利益に当たるとする裁判例（最決昭42・3・3刑集21・2・383）がある。

さらに，刑法236条強盗罪，同246条詐欺罪及び同249条恐喝罪にこの用語が使用されていて，債権の取得（大判大14・3・20刑集4・184），債務の免除（大判明42・12・13刑録15・1779），債務履行の延期（最決昭34・3・12刑集13・3・298），役務の提供を受ける等一切の財産上の利得が含まれると解されている点も参考となろう。

3　財産上の利益を「得る」ための手段・方法等

　次に，前記財産上の利益を「得る」ための手段，方法等についてであるが，これには特段の制約はないと解されている。例えば，行為の謝礼，報酬，見返り等として利益を得ることを目的とするような典型的な場合はもちろんのことであるが，さらに次のような事例も判例上認められている。

(1)　「他に販売する際の見本あるいは試用品としての所持（東京高判昭51・5・10刑月8・4＝5・247)」

(2)　「覚醒剤原料を覚醒剤の増量等に使用するための所持（東京高判昭56・9・16刑月13・10＝11・759)」

(3)　「当該行為自体では損失でも将来の利益を得る方法としてなされる譲渡（大阪高判昭56・9・1判時1035・150)」

4　「営利目的」の解釈の留意点

　そのほか，「営利の目的」の解釈上一般的に留意すべき点を挙げると次のとおりである。

(1)　反覆継続的に利益を図るためになされることを要しない（最決昭35・12・12刑集14・13・1897)。

(2)　現実に利益を得たことを要しない（仙台高判昭54・11・5仙台速報昭54・8，東京地判昭62・12・23判タ663・226)。

(3)　他の目的が併存していてもよい（(2)と同)。

(4)　営利の目的は行為ごとに個別的に考察すべきである（大阪高判昭56・9・1判時1035・150，大阪地判昭62・11・5判時1281・161)。

77　「他人に利得させる目的」と営利の目的

> 「他人に利得させる目的」は営利の目的に該当するか。

〔関係条文〕覚せい剤41条の2第2項

1　第三者に利得させる目的

　本人自身には財産上の利益を得る目的はないものの，共犯者等第三者にこれを得させる目的はあったという事案（あるいは，本人が否認又は黙秘しているため，そのような事犯として処理せざるを得ない事案）がよくあるが，この場合にも本人に営利の目的があるといえるであろうか。
　刑法上の犯罪で営利の目的を構成要件とするものに，淫行勧誘罪（182条）や営利目的等拐取罪（225条）等があるが，これらの罪における営利の目的について，学説は，第三者に利益を得させる目的もそれに含まれると解しており，本法上の営利の目的についてそれと別異に解すべき理由はなく，同様に解すべきである。
　判例も「覚せい剤取締法41条の2第2項にいう『営利の目的』とは，犯人がみずから財産上の利益を得，又は第三者に得させることを動機・目的とする場合をいうと解すべきである」（最決昭57・6・28刑集36・5・681。以下「昭和57年決定」という）と判示している。

2　「目的」の意義――動機・目的

　この昭和57年決定が，「営利の目的」における「目的」の意義を，前記のように「動機・目的」と判断した点は重要である。
　構成要件上「……の目的をもって」等と規定されて一般に目的犯と称されている犯罪は多数あり，それぞれの目的の意義は必ずしも同一ではないところ，本法上の目的の意義については，これを「動機・目的」と解すべきことを明らかにしたものだからである。

3　昭和57年決定の意義

　ところで，最高裁は，かつて，麻薬事犯についてではあるが，「共犯者で

あるYが営利の目的をもっているものであることを知っていただけで」は，本人自身に営利の目的があったとは認められない旨の判断を示したことがある（最判昭42・3・7刑集21・2・417）が，昭和57年決定は，この点に関して「所論引用の判例（最判昭42・3・7刑集21・2・417）は，麻薬の輸入に関し，共犯者が営利の目的をもっていることを知っていただけで，みずからは財産上の利益を得る動機・目的のないままに犯行に加担した場合について，麻薬取締法64条2項にいう『営利の目的』の存在を否定したにとどまり，本件のように自己以外の第三者に財産上の利益を得させることを犯行加担の動機とした場合について『営利の目的』を否定する趣旨までも含むものとは解されない」と判示している。

つまり，昭和57年決定は，「共犯者が営利の目的をもっていることを知っていただけで」いまだそれが共犯者に財産上の利益を得させる「動機・目的」にまで至らないまま犯行加担したにすぎない場合には，営利の目的があったとはいえない，との判断をも示している。「知って」犯行に加担した場合には，通常は第三者に財産上の利益を得させることを動機・目的としたと認定し得る場合が多いと思われるが，個々具体的事件の捜査，処理に当たっては，当該動機・目的の点まで的確に押さえておく必要があろう。

78 罰金併科の要件である「情状により」の意義

> 罰金刑併科の要件である「情状により」の意義は何か。

〔関係条文〕覚せい剤41条2項，41条の2第2項，41条の3第2項，41条の4
　　　　　第2項

1 罰金刑併科の趣旨

　営利目的事犯に対しては，刑の加重規定が適用されるが，そのうちの罰金刑については，必ず併科するのではなく，「情状により」併科すると規定さ

れている。

　そこで，この「情状により」の意義を明らかにする必要がある。

　まず罰金刑併科の趣旨については，違反行為により得た不法利益を剥奪する点にあるのではなく，営利の目的によるこの種の犯罪が経済的に引き合わないことを強く感銘させて再犯の防止を期する点にある（札幌高判昭56・3・31刑月13・3・169，福岡高判昭63・6・16判時1288・147）。

2　「情状により」の意義

　そこで「情状により」の意義を，前記罰金刑併科の趣旨を踏まえて考えるに，そもそも，営利目的事犯における「営利の目的」の意義は，最決昭57・6・28（刑集36・5・681）によって「犯人がみずから財産上の利益を得，又は第三者に得させることを動機・目的とする場合をいう」とされていることから，罰金刑併科の趣旨はこのような利欲的動機ないし同目的に打撃を与えることにある。このことは，営利目的事犯については，罰金刑を併科するための要件ないし必要性がほとんどの場合備わっているといって過言でないことを意味している。

　したがって，前記「情状により」の意義については，罰金刑を併科する上で特別の要件を付加したものではなく，原則として罰金刑は併科されるべきであるが，ごく例外的に，当該具体的事案における利欲的動機が極めて薄弱である等のため罰金刑を併科するまでもない場合もあり得るため，このような場合にまであえてこれを併科しなくともよいとする趣旨で「情状により」との規定が設けられたものと解すべきである。

3　罰金額の算定

　参考までに，具体的な罰金額の算定については，前掲札幌高判昭56・3・31は，「当該犯罪行為に含まれる営利性の程度，すなわち営利の目的をもって手中に収めた覚せい剤の量，その入手価額，売買等による処分予定価額，その処分の実現可能性，処分利益ないし予想利益，これら利益の帰属関係等

に,覚せい剤取締法41条の6により没収すべき覚せい剤の量などを勘案し,これに,当該犯罪行為に対して科すべき懲役刑の刑期,被告人の資産状況,被告人に対する財産的刑罰による感銘度等を斟酌してその額を量定すべき」である旨判示している。

そこで,捜査段階において,これらの事情についても十分な捜査を遂げて,事案にふさわしい額の罰金刑が併科されるよう努める必要がある。

第8章 捜査手続等

79 捜査の意義，方法及びその適法性確保の重要性

> 捜査の意義，方法及びその適法性確保の重要性はどうか。

〔関係条文〕刑訴189条2項，197条1項

1 覚醒剤犯罪における捜査

　覚醒剤犯罪に対しては，全ての取締関係機関がそれぞれの総力を傾注してその鎮圧に取り組んでいる。しかし，この種事犯は主として暴力団関係者によって敢行され，その隠密・巧妙化，悪質化，広域・大規模化等の傾向は一層強まっている。そのため，捜査遂行には種々の困難が伴い，また，捜査，公判の全過程を通じて捜査手続の適法性が頻繁に争われる状況にある。
　そこで，本問において，捜査の意義，方法及びその適法性を確保することの重要性に関する基礎知識を整理し，次問以降において，捜査の適法性をめぐる諸問題を項目別に見ることとする。

2 捜査の意義

　まず捜査の意義であるが，一般に「捜査とは，捜査機関が，犯罪があると考えるとき，公訴の提起遂行のために犯人及び証拠を発見・収集・保全する手続をいう」と解されている（刑訴189条2項参照）。ここで特に注意すべき

ことは，捜査が，あくまでも，公訴の提起遂行を目的として行われるものであって，この目的を抜きにして捜査を論ずることはできないということである。つまり，犯人を検挙し証拠を収集する場合でも，常にそれが公訴の提起遂行上いかなる意義を有するかを意識して行う必要がある。

3 捜査の方法

次に捜査の方法であるが，捜査は，通常，その方法の差異によって，①強制捜査（強制の処分を用いる捜査）と②任意捜査（強制の処分を用いない捜査）に分けられている。

このような分け方がなされる理由は，刑訴法が，捜査について，一方で「強制の処分は，この法律に特別の定のある場合でなければ，これをすることができない」（197条1項ただし書）と規定して，強制の処分を用いる捜査つまり強制捜査は，同法に特別の定めのある場合にのみ許容されることを明示し，他方で，強制の処分を用いない捜査つまり任意捜査について，「その目的を達するため必要な取調をすることができる」（197条1項本文）と規定して，捜査機関の裁量によって無定型に行い得ることを明示していることによるものである。

4 捜査上の留意点

強制捜査又は任意捜査としていずれの捜査方法をとるにせよ，それが適法に行われ，基本的人権の保障が全うされなければならないことはいうまでもない。

ところで，捜査は，一つひとつの手続の積み重ねによって発展させられていく性質のものであるため，その過程のどこかに違法があった場合，その後の捜査公判はこの重荷を背負って行かねばならず，その影響は，捜査段階において被疑者の逮捕・勾留が許容されない等の結果となって現れることがあり，また，公判段階においては，捜査段階で収集された証拠の証拠能力が否定されて無罪の結果を招来する等の結果となって現れることがある。

特に覚醒剤犯罪にあっては，その犯罪組成物件である覚醒剤の証拠能力が否定されることは，無罪に結びつきやすいだけに，その影響は甚大である。このことに十分留意する必要がある。

80 捜査の適法性を確保するための一般的留意点（その1 強制捜査）

> 捜査の適法性を確保するためには，一般にどのような点に留意したらよいか。　　　　　　　　　　　　　　（その1 強制捜査について）

〔関係条文〕憲33条，35条等

1 刑訴法に規定される強制捜査

強制捜査（強制の処分を用いる捜査）を適法に遂行するために留意すべきことは，第一に，その方法が刑訴法に特別に規定されているものに限定されていて，それ以外のものは許容されないことであり，第二は，いずれの方法についても，それが許容されるための要件，手続等が同法等に厳格に規定されているため，これを遵守すべきことである。

2 強制捜査の方法

まず強制捜査の方法についてであるが，刑訴法は「強制の処分は，この法律に特別の定のある場合でなければ，これをすることができない」（197条1項ただし書）と規定している。そして，刑訴法が特別の定めをもって許容している「強制の処分」を挙げると，被疑者・被告人の身柄の保全を目的としたものとして，①逮捕（199・210・213・217条），②勾留（204・205条）があり，証拠の収集保全を目的としたものとして，③捜索（218・220条），④差押え（218・220条。⑥の領置と併せて「押収」という），⑤検証（218・220条），⑥領置（221条。占有取得の方法は強制的ではないが占有取得後の効果は④の差押えと同じ《222・123条1項》），⑦通信傍受（222条の2。その具体

的な要件・手続等は,「犯罪捜査のための通信傍受に関する法律」(いわゆる通信傍受法)に定めるところによるとされている),⑧鑑定留置(224・167条),⑨鑑定処分(225条),⑩証人尋問(226・227条)がある。

3　令状主義の原則

　次に,これらの強制の処分が許容されるための要件,手続等については刑訴法,刑訴規則等が厳格に規定しているが,その中で最も留意する必要があるのは「令状主義の原則」である。

　憲法33条は,現行犯逮捕を除く「逮捕」(刑訴法上の勾引,勾留等も含む)について,また,同35条は,逮捕(前同)する場合を除いて「侵入」,「捜索」,「押収」(刑訴法上の差押えを意味する)について,それぞれ「司法官憲」(裁判所又は裁判官を意味する)の発する令状によらなければならないと規定している。そして,これを受けて刑訴法は,前記2①の逮捕について逮捕状(199・210条),②の勾留について勾留状(207条),③の捜索,④の差押え及び⑤の検証について捜索令状,差押令状,検証令状(身体検査の場合は身体検査令状《218・220条》),⑧の鑑定留置について鑑定留置状(224・167条),⑨の鑑定処分について鑑定処分許可状(225条),⑩の証人尋問について勾引状(228・153条)等の令状を規定し,⑦の通信傍受について傍受令状(通信傍受3条)を規定している。

　このように強制の処分について原則として令状によるべきこととしていることを,令状主義の原則という。これは,捜査を司法的に抑制し,国民の人権を保護しようとすることによるものである。

[81]　捜査の適法性を確保するための一般的留意点(その2　任意捜査)

| 捜査の適法性を確保するためには,一般にどのような点に留意したらよいか。　　　　　　　　　　　　　　(その2　任意捜査について) |

〔関係条文〕刑訴197条1項

1 任意捜査の留意点

　任意捜査（強制の処分を用いない捜査）について刑訴法は，「その目的を達するため必要な取調をすることができる」（197条1項本文）と規定し，その手段，方法等を捜査機関の裁量に委ねているが，任意捜査は，原則として相手方の同意又は承諾の下に行われ，一定の限度で有形力の行使が許容される場合があるにとどまる。

　そこで，任意捜査を適法に遂行するために留意すべきことの1つ目は，相手方の真意に基づく同意又は承諾を確保すべきことであり，2つ目は，有形力の行使がその許容範囲を逸脱しないことである。

2 同意・承諾の確保

　まず，相手方の同意又は承諾についてであるが，これは，具体的事案においてしばしば問題とされるところである。

　一般的にいえば，明示・黙示を問わず，また，積極的，消極的を問わず，真意に基づくものであればよいといえよう。

　したがって，例えば，相手がふてくされて「探すなら勝手に探せ」等と言った場合でも，それが「自棄的に捨て鉢になった気持から真意の伴わない言葉を訳もなく口走ったもの」と明白に断じ得るようなものでない限り，同意又は承諾はあったと認められる（福岡高判昭50・6・25判タ329・317）。

　他方，違法不当な手段により同意又は承諾を得た場合，例えば「ガサビラでガサするのであるから，所持物件全部を提示せよ」との趣旨を申し向け，あたかも令状により所持品の提出を求めているかのような態度をとって，その旨誤信させ渋々承諾させたような場合には，真の同意又は承諾があったとは認め難いであろう（名古屋高金沢支判昭56・3・12判時1026・140）。

　いずれにせよ，真の同意又は承諾があったと認定し得るか否かは常に問題となるところであるので，具体的事件の捜査に当たっては，後日における争いを極力減少させるよう万全の注意と工夫を払うべきである。

3 有形力の行使の許容範囲

　次に，有形力の行使の許容範囲についてであるが，まずこれが「強制の処分」にわたり得ないことは当然のことであり，この強制の処分の意義については，最決昭51・3・16（刑集30・2・187）が，「強制手段とは……個人の意思を制圧し，身体，住居，財産等に制約を加えて強制的に捜査目的を実現する行為など，特別の根拠規定がなければ許容することが相当でない手段を意味する」と判示しているところである（ここにいう強制手段は強制の処分と同義と解される）。そこで，強制の処分にわたらない限度での許容範囲が問題であるが，これについて前記決定は，一般的な判断基準として「強制手段にあたらない有形力の行使であっても，何らかの法益を侵害し又は侵害するおそれがあるのであるから，状況のいかんを問わず常に許容されるものと解するのは相当でなく，必要性，緊急性などをも考慮したうえ，具体的状況のもとで相当と認められる限度において許容されるものと解すべきである」と判示している。したがって，具体的事案ごとに当該基準に照らしてその許容範囲を判断すべきこととなる。

82 違法な捜査の及ぼす影響（その1　逮捕・勾留への影響）

> 捜査に違法があった場合，それがその後の捜査，公判にどのような影響を及ぼすか。　　　　　　　（その1　逮捕・勾留への影響について）

〔関係条文〕刑訴197条1項，199条，警職2条

1 捜査段階の違法

　捜査に違法があった場合，その影響が捜査段階においてどのような現れ方をするかを見ると，裁判官に対する逮捕状の請求又は勾留の請求が却下されるという形で現れる場合が多い。そして却下原因となる捜査の違法としては，ほとんどが任意捜査における許容範囲の逸脱であり，内容的には，大き

く2つに分けられ、その1は実質上の逮捕がなされていたと認定される場合、その2は証拠物の収集方法に違法があったと認定される場合である。

2　許容範囲の逸脱(1)——実質上の逮捕

まず、実質上の逮捕がなされていたと認定される場合について見ると、例えば、
(1) 「職務質問の上警察署まで任意同行して取調べをし、通常逮捕すべく逮捕状請求に及んだところ、すでに事実上の逮捕がなされていて違法拘束中の逮捕状請求であるとして、これが却下された事案（京都地命昭44・7・8判時565・92）」
(2) 「逮捕状によって通常逮捕し、勾留請求に及んだところ、逮捕状執行前にすでに実質上逮捕されていたものと認定され、「先行する逮捕手続に重大な違法がある」として、これが却下された事案（富山地決昭54・7・26判時946・137）」

がある。

これらの事案のように、警察署等へ任意同行して任意取調べをすることは頻繁に行われているところであるが、これが実質上の逮捕にわたることのないよう厳に注意が必要である。

なお、これらの勾留請求却下の事案について参考までに付言すると、実質上逮捕が開始されたと認められる時点で緊急逮捕の要件が存在し、かつ、その時から起算して逮捕の制限時間内に勾留の請求がなされた場合には、これを適法な勾留請求と見て認容するのが裁判例及び学説の大勢と見受けられる。これは、かかる場合には、実質的な違法性はその後の勾留請求を違法とするほど重大なものではないと評価されることによるものである。

3　許容範囲の逸脱(2)——証拠物の収集方法

次に、証拠物の収集方法に違法があったとされる場合について見ると、例えば、職務質問に伴う所持品検査により証拠物をポケットから取り上げた上

現行犯として逮捕し，勾留請求に及んだところ，当該所持品検査が違法な差押えであると認定され，違法な差押えによって得た証拠によって現行犯と認定し逮捕することは違法であるとして，これが却下された事案（大阪地決昭47・7・18判時689・120）がある。

　証拠物の収集方法に違法があったとされる場合には，公判段階においてその証拠能力が否定されることがあり得るのであるが，それのみにとどまらず，捜査段階においても前記のような形で重大な影響が現れることに留意する必要がある。

83　違法な捜査の及ぼす影響（その2　証拠能力への影響）

> 捜査に違法があった場合，それがその後の捜査，公判にどのような影響を及ぼすか。　　　　　　　　（その2　証拠能力への影響について）

〔関係条文〕刑訴317条，289条1項，305条，306条，307条，刑訴規190条

1　証拠能力の認否

　捜査に違法があった場合，その影響は公判段階において顕著に現れる。公判においては，犯罪事実の認定は証拠によってのみなし得るとされ（刑訴317条），捜査機関の収集した証拠は，通常は，検察官が裁判所に対して証拠調請求をし（刑訴298条1項），裁判所がこれについて弁護人の意見を聴いた上で証拠調決定をし（刑訴規190条），公判廷において法定の方式で取調べを行う（刑訴305条〜307条）。

　しかし，裁判所が証拠調決定をなし得るためには，当該証拠に公判廷で取り調べることが許容される要件である証拠能力のあることが必要とされており，捜査に違法があった場合には，その証拠能力が否定されることがある。

2 判例の見解

この点について，最判昭53・9・7（刑集32・6・1672）は，「証拠物の押収等の手続に，憲法35条及びこれを受けた刑訴法218条1項等の所期する令状主義の精神を没却するような重大な違法があり，これを証拠として許容することが，将来における違法な捜査の抑制の見地からして相当でないと認められる場合においては，その証拠能力は否定されるものと解すべきである」と判示する。

この基準によると，証拠物の押収手続に違法があっても直ちに証拠能力が否定されるわけではないが，同判決が「証拠物は押収手続が違法であっても，物それ自体の性質・形状に変異をきたすことはなく，その存在・形状等に関する価値に変りのないことなど証拠物の証拠としての性格」を摘示している点に留意すべきであって，証拠能力が否定されなかったことによって捜査の違法が免責されるわけではないし（他に民事上，行政上等の責任が問われることもあり得る），公判が紛糾することも多い。

3 実務上の問題

そして，実務上問題となることが多いのは，所持品検査や任意同行が実質的には捜索あるいは逮捕に当たって違法であると認定されるような場合である。

客観的には当該違法捜査時に緊急逮捕あるいは現行犯逮捕し得る要件が存していた（逮捕する場合には令状なしで捜索・差押えもできる）のに，たまたまその方法によらなかったとか，所持品検査や任意同行の許容範囲をわずかに逸脱した程度にすぎないとかの事情がある場合は，令状主義の精神を没却するような重大な違法ではないと解するのが，判例の基本的な立場である（最決昭63・9・16刑集42・7・1051，最判昭61・4・25刑集40・3・215等参照）。しかし，かかる事情が存しない場合には証拠能力が否定されやすい（札幌高判昭58・12・26判時1111・143，大阪高判昭56・1・23判時998・126等参照）。

84 職務質問の意義, 付随行為及び許容範囲

> 職務質問を適法に行うためには, どのような点に留意したらよいか。

〔関係条文〕警職2条

1 職務質問の許容範囲

　職務質問は, 警職法2条によって警察官に付与された権限であるが, これは, 専ら犯罪の予防, 鎮圧等を目的とする行政警察上の作用であって, 犯罪の捜査を目的とする司法警察上のものではない (最判昭53・6・20刑集32・4・670)。

　しかし, これが犯罪捜査の端緒となって捜査へと発展することは多い。また, 捜査の違法を理由として捜査段階で収集した証拠の証拠能力が争われ, あるいは勾留請求の適否が問題とされたりする事例の多くが, 職務質問に関連した事案であるように見受けられる。職務質問は, これが任意手段によるべきものとされていることから, 主として, その許容範囲をめぐって任意捜査の場合と同様の問題が種々発生している。

2 職務質問の付随行為

　職務質問は, 警職法2条1項に規定されているとおり, 「異常な挙動その他周囲の事情から合理的に判断して何らかの犯罪を犯し, 若しくは犯そうとしていると疑うに足りる相当な理由のある者又は既に行われた犯罪について, 若しくは犯罪が行われようとしていることについて知っていると認められる者」に対してのみ行い得る。

　また, 職務質問に際しては, 警職法上, ①停止させること (2条1項), ②その場で質問することが本人に対して不利であり, 又は交通の妨害になると認められる場合において, 質問するため, 付近の警察署, 派出所又は駐在

所に同行することを求めること（2条2項。いわゆる警職法上の任意同行）が認められている。その他にも例えば，③所持品検査が認められる場合があり，これについて前掲最高裁判決は，所持品検査を認める明文の規定はないが，これが口頭による質問と密接に関連し，かつ，職務質問の効果をあげる上で必要性，有効性の認められるところから，職務質問に付随して行うことができる場合があると解される旨判示している。

3 職務質問に伴う実力行使

職務質問が，任意手段によるべきものであることは，警職法2条3項が，職務質問の対象者について「刑事訴訟に関する法律の規定によらない限り，身柄を拘束され，又はその意に反して警察署，派出所若しくは駐在所に連行され，若しくは答弁を強要されることはない」と規定していることからも明らかである。

したがって，職務質問及びその付随行為として許される停止，任意同行，所持品検査等は，原則として相手方の同意又は承諾の下において，かつその限度において許容されるにとどまるが，実際には，職務質問を実効あらしめるためにある程度の実力行使を認めざるを得ない場合があり，判例も一定の範囲でこれを認めている。その許容範囲については，一般的にいえば，強制の処分にわたらない範囲内において，その「必要性，緊急性，これによって害される個人の法益と保護されるべき公共の利益との権衡などを考慮し，具体的状況のもとで相当と認められる限度においてのみ，許容されるものと解すべきである」（前掲最高裁判決）とされている。

85 職務質問に伴う停止行為の意義と許容範囲

職務質問を行うために停止させる際，どの程度の実力行使が許容されるか。

〔関係条文〕警職2条，刑訴197条1項

1 実力行使の許容範囲

　職務質問を行うために停止させる際に許容される実力行使の程度については，それが強制の処分にわたり得ないことは当然のことであるが，具体的にどの程度の行為であれば強制の処分の程度にまで至っていないといい得るのかが問題である。

2 昭和29年決定

　この関係で最も頻繁に取り上げられるのが，最決昭29・7・15（刑集8・7・1137）である。

　この事案は，警ら中の警察官が，夜間道路上で職務質問し，巡査派出所に任意同行して所持品等について質問中，被告人が隙を見て逃げ出したので，更に質問を続行すべく追跡して背後から腕に手をかけ停止行為に及んだ，というものであり，原審である名古屋高判昭28・12・7がその適法性を認め，最高裁もこれを支持した。

　本事案においては，追跡して背後から腕に手をかけ停止させる行為を，どの程度強度の実力行使と評価するか，特に逮捕行為と対比してどうかが重要な問題点であった。

　これについて，原判決は，停止のためのこの程度の実力行使は，刑事訴訟に関する法律の規定によらない限りなし得ない逮捕行為に該当するものではないし，これに準ずべき性質のものであるともいえないとし，その理由について「逮捕と停止行為とは明らかにその観念を異にし，逮捕は被逮捕者の意思如何に拘らず或る程度の時間的拘束を含む観念であるに反し，停止行為は停止のための一時的行為であって，停止を求められた者が任意に停止することによって直ちに中止されねばならぬ性質のものである」と判示している。

　逮捕と停止行為との限界を知る上で上記の判示は参考となるであろう。もとより事案によっては，当該停止行為が上記判示の停止行為の枠を超えて逮捕の程度に達していると認定されることはあり得る。

　しかし，本事案は，警察官が追跡して背後より「どうして逃げるのだ」と

言いながら，これを引き止めるためその腕に手をかけた際，顔面を殴打される等の暴行を加えられたため，公務執行妨害の現行犯として逮捕しようとしたというものであって，停止行為の範囲内にとどまっていると認められる。

3 停止行為の適法性・違法性

そのほか，裁判例上その適法性が認められたものとしては，逃走しようとする者の前に立ちふさがって事実上停止させる行為（広島高判昭51・4・1高刑集29・2・240），職務質問の際，警察官が逃げる被告人を追いかけてその肩付近をつかんで停止させ，更になおも逃げようとする被告人を制止するため，その腰付近を後ろからつかむ行為（札幌高判平4・6・18判時1450・157），捜査用自動車3台で車両の前後をはさむようにしてこれを停止させる行為（名古屋高金沢支判昭52・6・30判時878・118），自転車に乗って立ち去ろうとしたのを，左腕をかかえるなどして自転車に乗せたまま路端まで誘導した行為（東京高判昭52・10・31判時900・115），自動車の窓から車内に手を入れてエンジンのスイッチを切り運転を制止する行為（最決昭53・9・22刑集32・6・1774）等がある。

いずれも具体的状況下において認められたもので，これを一般化することは許されないが，強制の処分との限界を知る上では参考になるであろう。

なお，近時の裁判例上その違法性が認められたものとしては，職務質問と所持品検査を拒んで逃走しようとした被告人に対し，その首に腕を回して逃走を防止した上，フェンスから引きはがして通路上に引き倒し，うつ伏せになった被告人の背中に乗って，暴れないことを約束させるまで1，2分程度，押さえ続けた行為（ただし，違法は重大とはいえないとして，尿の鑑定書の証拠能力は肯定。東京高判平28・4・15東高時報67・1＝12・28），病院内の通用口付近において，被告人の首に腕をかけて後方へ投げ飛ばし，仰向けに倒れた被告人を上から押さえつけるなどした行為によって留め置いた捜査手続（重大な違法を認め，尿の鑑定書の証拠能力も否定。大阪地判平29・3・24判時2364・126）等がある。

86　適法な任意同行を行うための留意点

> 任意同行を適法に行うためには，どのような点に留意したらよいか。

〔関係条文〕警職2条，刑訴197条1項

1　任意同行と逮捕との境界

　任意同行には，警職法による行政警察上の作用としてのものと，刑訴法による任意捜査としてのものとがあるが，いずれの範疇の任意同行であっても，強制の処分にわたることは許されない。そして，実務上しばしば問題となるのは，任意同行と強制の処分たる逮捕との境界についてである。

　ところで，逮捕は一般的には実力で人の身体を束縛することを意味するが，身体を束縛する方法は問わないと解されるところから，手錠や縄でしばることは必ずしも必要とはされず，「逮捕者が被逮捕者の身体によりそうて看視し何時にてもその身体を捕捉し得る態勢をとり，その逃走を防止する方法により自由を拘束する場合も逮捕ということができる」（大阪高判昭32・10・10高裁特4・20・534）とされる（熊谷弘「任意同行と逮捕の限界」捜査法大系Ⅰ・50参照）。このように，逮捕の概念自体が幅の広いものであるため，具体的事案についての判断にはかなり微妙なものがある。

2　具体的事例

　これを具体的事例に即して見ると，例えば，同行を明白に拒否しているのを警察官数名で無理矢理実力で連行するような場合は，逮捕と同一視されることは明らかであろう（大阪地判昭50・6・6判時810・109参照）が，外形的には施錠その他身体の自由を直接的に拘束するための手段はとられていなくても，警察官数名が取り囲んだ状態で同行するような場合にも，逮捕と同一視される場合がある。

例えば，神戸地決昭43・7・9（判時531・89）は，警察官4名が被疑者宅に赴き，同人に対し「警察まで一寸来てくれ」と申し向けたのみで，行先も告げないまま同人を取り囲んだ状態でその居宅から連れ出し，タクシーに乗車させて警察署まで連行した事案について，当該連行時から逮捕行為が開始されたものと認定している。

この事案の場合には，行先も告げていない等の点が認定に無視できない影響を与えているように窺える。

参考までに長崎地決昭44・10・2（判時580・100）は，同行の態様が外形的には上記事案とほぼ同様であるが，被疑者に警察署までの同行を求めたところ，同人において既に観念して言語動作による不服従の態度を示さず同行に応じたものであるとして，これを適法な任意同行と判断している。

このような態様の事案においては，微妙な事実関係の差異が結論を左右することになりがちであるので，その任意性を確保するために特段の配慮が必要であろう。

3 逮捕の総合判断

結局，この問題は，同行時の諸般の状況を総合的に判断して，実質上の逮捕に当たるかどうかを定めるほかはない。その諸状況としては，①同行時の用件，行先等の告げ方，②時間的関係や被疑者の準備の状況，③同行の具体的方法，殊に車利用の状態や警察官の人数，看視方法，④場所的関係，殊に路上か住居か，⑤同行拒否の有無などが問題になる（熊谷・前掲）といえよう。

87 所持品検査の許容範囲

> 所持品検査を適法に行うためには，どのような点に留意したらよいか。

〔関係条文〕警職2条，憲35条

1　所持品検査の許否に関する一般的基準

　所持品検査の適法性が問題となるのは，主として警職法上の職務質問に伴う所持品検査についてである。この所持品検査は，任意手段である職務質問の付随行為として許容されるのであるから，相手方の同意又は承諾を得て，かつ，その限度において行うのが原則である。しかし，同意又は承諾のない場合であっても一定の限度で所持品検査が許容されることがあることから，実務上その許容範囲をめぐってしばしば問題が生ずる。

　もとよりこれが強制の処分にわたり得ないことはいうまでもないから，捜索の程度に至らない範囲内のものであることが必要であり，その限度内で許容範囲が論じられることとなる。そして，最判昭53・6・20（刑集32・4・670）は，その許容範囲について，「所持品検査には種々の態様のものがあるので，その許容限度を一般的に定めることは困難であるが，所持品について捜索及び押収を受けることのない権利は憲法35条の保障するところであり，捜索に至らない程度の行為であってもこれを受ける者の権利を害するものであるから，状況のいかんを問わず常にかかる行為が許容されるものと解すべきでないことはもちろんであって，かかる行為は，限定的な場合において，所持品検査の必要性，緊急性，これによって害される個人の法益と保護されるべき公共の利益との権衡などを考慮し，具体的状況のもとで相当と認められる限度においてのみ，許容されるものと解すべきである」と判示してその一般的基準を明らかにしている。

2　具体例

　そこで，次にこの一般的基準によって具体的にどの程度の所持品検査が許容されることとなるのかを見よう。これに関する従来の裁判例をもとに，所持品検査を大雑把に類型的に分類すると，①所持品を外部から触って検査する類型の行為，②所持しているバッグのチャックを開けて内部を外から見て検査する類型の行為，③着衣のポケットや所持しているバッグ等の内に手を入れて検査する類型の行為，に分けられる。

まず、①の類型については、これによる法益侵害の程度が比較的軽微であるため、通常は許容され得る類型のものといえよう（これを適法と解していると認められる裁判例は、覚醒剤事犯に関する最判昭53・9・7〔刑集32・6・1672〕をはじめとして多数ある）。

次に②の類型であるが、①の類型に比してプライバシー侵害の程度が高く、より強い必要性、緊急性が要求されよう。これを適法とする裁判例も、前記の最判昭53・6・20をはじめとして相当数あるが、現在までのところ、いずれも人の身体に危害を及ぼすような凶器類を所持している疑いが存している状況下における事案であることに留意する必要がある。

さらに③の類型であるが、これを違法とする裁判例は、前記最判昭53・9・7をはじめとして相当数あり、特に同判決はこれを「捜索に類するもの」と判示しているところである。したがって、実際上は、覚醒剤事犯についてこれが許容されることはまずないものと理解したほうがよい。

88　令状によらない捜索・差押えの留意点（その1　時間的許容範囲）

> 令状によらない捜索・差押えを適法に行うには、どのような点に留意すればよいか。　　　　　　（その1　時間的許容範囲について）

〔関係条文〕憲35条、刑訴220条1項1号、3項

1 「逮捕する場合」──時間的許容範囲

憲法35条は、捜索・差押えについて令状主義を定めるとともに、その例外として「逮捕する場合」を挙げ、これを受けて刑訴法は、逮捕（通常逮捕、現行犯逮捕及び緊急逮捕）する場合において必要があるときは、令状によらないで、逮捕の現場で差押え、捜索をすることができると規定している（220条1項2号、3項）。これについて実務上しばしば問題となるのが、刑訴法220条1項の「逮捕する場合」及び「逮捕の現場」の意義についてであって、前者は令状によらない捜索・差押えが許容される時間的範囲に関する問題、

後者はその場所的範囲に関する問題といえる。

そこで，本問において前者の問題を検討することとする。

2　逮捕行為着手前の場合

この時間的許容範囲については，まず，逮捕行為着手後からその完了までの時間がその範囲内であることに疑義はない。

逮捕行為の着手については，例えば，被疑者の姿を見かけ，逮捕しようとして呼びかける，近づいていく，追跡する等の行為があれば着手があると認められよう。また，逮捕行為の着手がある以上，現実に逮捕するに至らなくても当該捜索・差押えの効力に影響はないと解される。

3　逮捕行為着手後の場合

ところで，逮捕行為着手前においても，これが一定の限度で許容される場合がある。つまり，最大判昭36・6・7（刑集15・6・915）は，捜索・差押えが「逮捕との時間的接着を必要とするけれども，逮捕着手時の前後関係は，これを問わない」，「緊急逮捕のため被疑者方に赴いたところ，被疑者がたまたま他出不在であっても，帰宅次第緊急逮捕する態勢の下に捜索，差押がなされ，且つ，これと時間的に接着して逮捕がなされる限り，その捜索，差押は，なお緊急逮捕する場合その現場でなされたとするのを妨げるものではない」と判示して，逮捕の約20分前に開始された捜索・差押えを適法としている。同判決は最判昭53・6・20（刑集32・4・670）においても肯定的に引用されている。しかし，注意を要するのは，同判決は，当該捜索・差押えと「時間的に接着して逮捕がなされる限り」においてこれを適法としていること，逆にいえば，時間的に接着して逮捕がなされなかった場合は，当該捜索・差押えも許容され得ない結果を招来することである（同判決における横田裁判官の少数意見，田宮裕「強制捜査」総合判例研究叢書（6−16）287，河上和雄「捜索・差押」120参照）。

したがって，実務の運用としては，極力逮捕行為着手後に実施するよう努

め，仮にやむを得ず着手前に実施する場合であっても，可能な限りこれを逮捕行為の着手時期に接近させ，かつ，必ず逮捕行為に着手し得る状況下において実施する必要があろう。そのためには，被疑者が逮捕の現場にいる状況下で実施することが最も確実な方法である。学説の中には，被疑者が逮捕の現場にいることを必要とする説もあり（団藤重光「新刑事訴訟法綱要」7訂版352，佐藤文哉「令状によらない捜索・差押(1)」捜査法大系Ⅲ 15），留意を要するところである。

89　令状によらない捜索・差押えの留意点（その2　場所的許容範囲）

> 令状によらない捜索・差押えを適法に行うには，どのような点に留意したらよいか。　　　　　　（その2　場所的許容範囲について）

〔関係条文〕刑訴220条1項1号，3項，憲35条

1　「逮捕の現場」──場所的許容範囲

　令状によらない捜索・差押えについて，本問ではその場所的許容範囲，つまりその根拠規定である刑訴法220条1項2号所定の「逮捕の現場」の意義を具体的に見ることとする。同号の「逮捕の現場」の意義については，一般に，逮捕に着手した場所，追跡中の場所及び逮捕した場所の全てを含み，それらの場所と直接接続する範囲の空間をいうと解されている（ポケット註釈全書(3)「改訂刑事訴訟法」412）。これを具体的に見ると，例えば，被疑者をその居宅で逮捕した場合には，その居宅内において捜索・差押えできることは当然である（88掲記の最大判昭36・6・7参照）。
　他方，被疑者をホテル5階の待合所で現行犯逮捕した場合，同ホテル7階の同人の宿泊室も捜索・差押えできるかについては，場所的に離れており，一般的には否定せざるを得ないと思われる（なお，東京高判昭44・6・20高刑集22・3・352は，かかる捜索・差押えを適法としているが，被疑者自らが警察官を同室に案内している等の特殊事情があり，例外的に適法性が認められたに

とどまると理解するほうが無難であろう）。

2 判例に見る意義の解釈

ところで、「逮捕の現場」の意義に関してしばしば問題となるのは、被疑者が逮捕後その場所から警察署等への引致等で移動した場合に、どの程度の移動先でなら捜索等の実施が許されるかである。

これを裁判例で見ると、違法事例としては、①準現行犯人として逮捕した場所から10km余り離れた警察署で所持品を差し押さえた事例（東京高判昭47・10・13判時703・108）、②現行犯人として逮捕した場所から約1km離れた警察署で所持品を差し押さえた事例（大阪高判昭49・11・5判タ329・290）がある。

一方、適法事例としては、③現行犯人として逮捕した場所から約120m離れた警察官派出所で所持品を差し押さえた事例（大阪高判昭50・7・15判時798・102）があるが、これについては、逮捕地点で「これ押収や」といって押収に着手した事実や逮捕地点における執行が本人に不利、不体裁であるばかりか、捜査官にとっても抵抗その他不測の事態を招来し、スムーズに完了し難いおそれのあった等の特別の事情が存在している。また、他の適法事例としては、④現行犯人として逮捕した場所から直線距離で約400m離れた警察署で所持品等を捜索・差押えした事例（東京高判昭53・11・15高刑集31・3・265）があるが、これも逮捕場所に数百名の群衆が集まり、交通が混雑し、酔払いが騒ぎ立てる等して混乱するおそれがあって、その場所での執行が混乱を防止し被疑者の名誉を保護する上で適当ではないと認められる特別の事情が存在している。参考とすべきであろう。

90 令状による捜索・差押えを行うための留意点（その1 差押対象物）

令状による捜索・差押えを適法に行うためには、どのような点に留意したらよいか。　　　　　　　　（その1　差押対象物について）

〔関係条文〕憲35条，刑訴218条，219条，220条，刑訴規300条

1 令状の効力が及ぶ範囲

　捜索・差押えは裁判官の発する令状によって行うのが原則である（憲35条，刑訴218条。例外は刑訴220条参照）。そして，憲法35条は，この令状について，「捜索する場所及び押収する物を明示」したものでなければならない旨規定し，これを受けて刑訴法は「差し押さえるべき物」，「捜索すべき場所，身体若しくは物」を記載したものでなければならない旨規定している（219条1項）。

　つまり，令状による捜索・差押えの場合には，その範囲が令状に記載されている場所や物等に特定かつ限定されて，それ以外には及び得ないこととなる。これは，裁判官が許可した捜索・差押えの範囲を令状自体において明確にし，捜索・差押えが裁判官の許可した範囲内において行われるべきことを厳格に保障しようとすることにある。

　そして，裁判官による令状審査の判断は，捜索の時点においてその範囲に目的物が存在する蓋然性があるという判断であるところ，一般的に執行に必要であるとともに，そのような蓋然性の変化が通常予想されない程度の期間として，7日間が令状の有効期間と定められている（刑訴規300条）。このような令状審査の趣旨に照らせば，差押対象物が存在する蓋然性に変更がない限り，令状提示後に搬入された荷物に対しても，当該令状の効力は及ぶ（最決平19・2・8刑集61・1・1参照）。なお，場所に対する捜索令状によりその場に居合わせた者に対して捜索することができるかについては92参照。

2 差押対象物の記載方法

　ところで，差し押さえるべき物（差押対象物）についてもう少し具体的に見ると，問題がないわけではない。というのは，実務において現実に令状に記載されている差押対象物の記載方法を見ると，具体的に物件を列挙した上その末尾に「その他本件に関係ありと認められる一切の文書及び物件」等と

いう，包括的な表現を付加した記載がなされている場合が多い。

そのため，そのような記載方法で果たして，差押対象物の特定が憲法の要請する「明示」の程度に達しているといえるか，という適法性の問題が生ずるとともに，適法とされた場合でも執行上その差押許容範囲の判断に迷うことはないかが懸念される。

かかる記載方法が違法とされれば，それによる差押えは違法となるし，また記載方法自体は適法でも，現実の差押えがその判断を誤って許容範囲を逸脱し，違法となることもあり得る。

3　包括的表現の解釈

そこで，この問題についての裁判例を見ると，具体的な物件の列挙を包括的表現の例示と見て，かかる例示が比較的具体的に列挙されている場合には包括的表現に対する限定の働きをしていると認めて，これを適法と解する傾向にあるといえる（最決昭33・7・29刑集12・12・2776参照）。

したがって，例示物件が少ない場合，例えば「覚醒剤，注射器その他本件に関連する一切の物件」のような場合には，包括的表現に対して例示部分による限定がほとんどないに等しく，許されないと解されよう（法曹会編「例題解説刑事訴訟法(3)」22〜24参照）。

差押対象物を全部具体的に列挙できればこのような問題は生じないが，捜査段階においては証拠がどういう形で存在しているか明確でないのが実情であり，かかる実情を無視し得ないところから上記のような解釈による運用が許容されているといえよう。

4　包括的表現の許容範囲

次に，これが適法であるとして執行段階で留意すべきことは，これが適法とされる理由からも分かるとおり，当該包括的表現によって許容される差押対象物は，あくまでも例示として列挙されたものに準ずる範囲に限定されるということである。

[91] 令状による捜索・差押えを行うための留意点（その2 捜索対象場所）

> 令状による捜索・差押えを適法に行うためには，どのような点に留意したらよいか。　　　　　　　　（その2　捜索対象場所について）

〔関係条文〕憲35条，刑訴219条1項

1　捜索対象場所の明示

　令状による捜索・差押えの場合，当該令状には，憲法35条及び刑訴法219条1項によって，捜索すべき場所，身体若しくは物（捜索対象物件）や差し押さえるべき物が記載されて明示されていなければならないとされている。したがって，捜索対象場所は令状自体によって特定かつ限定されていて，それ以外の場所には及び得ない。

　ところが，実務においては，令状だけからすれば一見捜索対象場所は明確であるのに，実際に当該場所に赴いてみると，意外に不明確であることに気付くことが少なくない。当該場所に複数の管理権，居住権等が重畳的に存在しているホテル，マンション等の場合がそうである。

　例えば，捜索対象場所が同一敷地内の母屋と倉庫，物置等の付属建物であって，その全体が甲野太郎による単一の管理権等によって支配されている場合には，令状にはあえて母屋と付属建物とを区別して明記することは要せず，単に「〇〇番地甲野太郎方」の記載のみで全体を表示したこととなり，捜索はその全体に及び得る。しかし，前記のようなホテル，マンション等の場合には，令状に単に「〇〇ホテル」等と記載したのみでは，当該ホテル等のどの部分を捜索し得るのか疑義が生ずることとなる。

2　捜索対象場所の管理権等

　令状に捜索対象場所を明示することによって保障されるのが，その場所に対する人の管理権，支配権，居住権等であるところから，一般的には，令状

には管理権等を異にする箇所を区別する程度に場所を特定して記載する必要があると解されている（河上和雄「捜索・差押」捜索場所の特定 14 以下参照）。

そこで、これをさらに具体的に見ると、東京地判昭 50・11・7（判時 811・118）は、Ａホテル経営者に対する覚せい剤取締法違反事件について捜索対象場所を「Ａホテル内」とする令状によって宿泊客のいる客室をも捜索した事案について、概ね次のとおり判示している。

すなわち、経営者の単一の管理、占有下にある部分について捜索することは何ら差し支えないが、宿泊客の占有する客室は経営者及び宿泊客の二重の管理・占有下にあるので、客が在室している場合でも捜索を許す趣旨で令状を発付する場合には、少なくともその趣旨が明示されていることを要するとした上、本件令状にはその趣旨が明示されていないので、同室の捜索は客の同意がない限り許されない旨判示している。

3 令状請求時の留意事項

このように、同一建物内に複数の管理権等が存在する場合には捜索対象場所の許容範囲をめぐって困難な問題が生ずる。

したがって、かかる場合には令状請求の段階であらかじめ当該場所における管理、居住等の実態を十分捜査、解明した上、部分的に独立した管理権等が存すると認められる場合には、極力個別的に場所を特定し、また建物全体を捜索対象とすべきときは、その趣旨が令状に明示されるよう配慮することが必要である。

92 場所に対する捜索令状による当該場所に居合わせた者に対する捜索の可否

> 場所に対する捜索令状によりその場に居合わせた者に対して捜索することができるか。

〔関係条文〕憲 35 条、刑訴 102 条、219 条 1 項

1 捜索が認められる範囲

　場所に対する捜索令状によりその場所に居合わせた者に対して捜索をすることが許されるかについては，文理上，身体及びその着衣は，通常「場所」には含まれないこと，刑訴法102条も，捜索の対象としての人の身体は場所とは区別して定めていること，身体の捜索により侵害される利益は場所の捜索により侵害される利益よりも一般的に大きいことに鑑みれば，場所に対する捜索令状により身体に対する捜索が無条件に許されるわけではないと解される。

　しかし，捜索場所に居合わせた者が差押対象物を懐中に隠匿した場合でも捜索ができなくなるのでは，捜索の目的を達し得なくなり，場所に対する捜索令状が無意味になることからすれば，一定の要件の下においては，場所に対する捜索令状により人の身体に対する捜索が認められるべきである。

2 判例の見解

　東京高判平6・5・11（判タ861・299）は，場所に対する捜索令状により当該場所に居合わせた被告人の身体の捜索をした結果，覚醒剤を発見した事案において，「場所に対する捜索差押許可状の効力は，当該捜索すべき場所に現在する者が当該差し押さえるべき物をその着衣・身体に隠匿所持していると疑うに足りる相当な理由があり，許可状の目的とする差押を有効に実現するためにはその者の着衣・身体を捜索する必要が認められる具体的な状況の下においては，その者の着衣・身体にも及ぶものと解するのが相当である。」と判示している（東京地決昭44・6・6判時570・97，東京地判昭63・11・25判タ696・234も同旨）。

　なお，場所に対する捜索令状により身体に対する捜索が認められる場合であっても，その範囲は人の身体に対する捜索令状によってなし得る限度にとどまることはいうまでもないのであって，例えば，レントゲン照射や吐剤，下剤の使用などは許されないことに留意すべきである。

93 別件の捜索中，覚醒剤犯罪に関する証拠を発見した場合の留意点

> 別件捜索・差押え中に覚醒剤事犯に関する証拠を発見，押収する場合においてこれを適法に行うには，どのような点に留意したらよいか。

〔関係条文〕憲35条，刑訴218条，219条，220条，221条

1 別件捜索における証拠能力の問題

別の事件で捜索（別件捜索）中に覚醒剤粉末，注射器，覚醒剤販売関係メモ等の覚醒剤犯罪に関する証拠を発見し，これを端緒にその捜査が開始される場合が少なくない。ところが，この場合においても，その発見過程あるいは押収手続それ自体に違法があった等として，その証拠能力等が問題となる場合がある。そこで，これを発見過程における問題と押収過程における問題とに分けてみよう。

2 発見過程における問題

まず，発見過程における問題としては，別件捜索自体が違法とされる場合がある。

これを具体的事例で見ると，例えば，大阪地判昭53・12・27（判時942・145）は，傷害罪で現行犯逮捕した際に逮捕現場の居室を捜索して覚醒剤を発見し任意提出を受けて領置した事案について，傷害罪について居室を捜索する必要性が当時存在していなかったとし，捜査官による必要性についての判断の誤りは単なる裁量の誤りの程度を超えて当該捜索を違法とするものであり，違法に収集された証拠となる旨判示している。また，広島高岡山支判昭56・8・7（判タ454・168）は，傷害等の逮捕状で逮捕後，当該逮捕現場において逮捕に伴う捜索によりたまたま覚醒剤を発見したため防犯課に連絡し，その応援を得て引き続き捜索して新たな覚醒剤を発見して立会人から任意提出を受けて領置した事案について，引き続きの捜索が覚醒剤犯罪の証

拠物件の発見を主目的としたもので、違法な便乗捜索であり違法に収集された証拠となる旨判示している。

なお、最判昭51・11・18（判時837・104）は、「捜査機関が専ら別罪の証拠に利用する目的で差押許可状に明示された物を差し押えることも禁止されるものというべきである」と判示しているので、前掲広島高岡山支判と併せて注意しておく必要がある。

別件捜索が適法に行われ、その過程でたまたま覚醒剤等を発見した場合には、その発見過程に何ら瑕疵はないが、時には以上のような問題が生ずる場合があるので留意が必要である。

3 押収過程における問題

次に、押収過程における問題を見よう。

別件捜索中に発見された覚醒剤等が、別件自体にとっての証拠物でもある場合には、別件自体において差し押さえることができることはいうまでもない。しかし、別件の証拠とはなり得ない場合には、①新たに令状の発付を得て差し押さえる、②覚醒剤犯罪で現行犯逮捕した上、逮捕する場合における令状によらない差押えを行う、③所有者、所持者又は保管者から任意に提出を受けて領置する、等の方法によるべきこととなる。

これらのうち③の任意提出については、これをなし得る者が令状に列記した者に限定されているので留意する必要がある（保管者とは認められない者から任意提出を受けた瑕疵があるとした事例として鹿児島地判昭47・8・8刑月4・8・1460参照）。

94 おとり捜査の意義

おとり捜査とはどのような捜査方法をいうのか。

〔関係条文〕刑訴197条1項

1　任意捜査としてのおとり捜査

　おとり捜査とは、一般に、捜査官がおとりを使って、あるいは自らおとりとなって、犯罪を犯した者を検挙する捜査方法であるといわれている。例えば、捜査官が協力者を使って、あるいは自ら覚醒剤の濫用者を装って密売人と接触し、覚醒剤の取引を申し入れ、相手が覚醒剤を差し出したところを検挙するというような捜査方法である。

　刑訴法にはおとり捜査に関する規定は存しないが、おとり捜査は、物理的な強制力を用いるものでなく、人に特定の受忍義務を課すものでもないから、任意捜査の一類型と認められる。しかし、おとり捜査が任意捜査であるとしても、無制限に許容されるものではない。

　特に、おとり捜査は、本来犯罪を防止すべき立場にある国家が、一方で対象者に犯罪を実行させながら、他方でその対象者を逮捕・訴追しようとしている点で、捜査の公正を阻害するものではないのか、といったことが問題とされるところである。そこで、おとり捜査が、任意捜査としてどのような場合に許容されるのかが問題となる。

2　判例の見解

　この点に関し、最決平16・7・12（刑集58・5・333）は、大麻の有償譲渡を企図していると疑われる者を対象にして行われたおとり捜査について、「少なくとも、直接の被害者がいない薬物犯罪等の捜査において、通常の捜査方法のみでは当該犯罪の摘発が困難である場合に、機会があれば犯罪を行う意思があると疑われる者を対象におとり捜査を行うことは、刑訴法197条1項に基づく任意捜査として許容されるものと解すべきである。」と判示した。同決定は、おとり捜査の要件として、①直接の被害者がいない薬物犯罪等の捜査であること、②通常の捜査方法のみでは当該犯罪の摘発が困難であること、③機会があれば犯罪を行う意思があると疑われる者を対象におとり捜査を行うことの3要件を掲げた上で、これらの要件を充たすおとり捜査は、刑訴法197条1項に基づく任意捜査として適法であることを明らかに

している。

　なお，同決定は，前記3要件の前置きとして，「少なくとも」と述べているが，この文言からすれば，同決定が，前記3要件に該当するものではないおとり捜査について，適法とする余地が全くないものとしているものではないと思われる。

95　コントロールド・デリバリーの意義

> コントロールド・デリバリーとはどのような捜査手法か。

〔関係条文〕刑訴197条1項，入管5条1項6号，関税69条の11第1項1号

1　コントロールド・デリバリーの捜査手法

　コントロールド・デリバリーとは，規制薬物の不正取引が行われている場合に，捜査機関がその事情を知りながら，直ちに犯人を検挙することなく，捜査機関の監視の下に当該規制薬物の運搬を許容し，追跡して，不正取引に関与する者を特定するための捜査手法をいう。

　コントロールド・デリバリーには，規制薬物をそのままにして行うライブ・コントロールド・デリバリーと，規制薬物の拡散を防止する観点から，当該規制薬物を抜き取って行うクリーン・コントロールド・デリバリーがある。

2　コントロールド・デリバリーとおとり捜査の違い

　コントロールド・デリバリーは，規制薬物の不正取引が行われている場合に，その事情を知る捜査機関が検挙のタイミングを遅らせるだけの措置であるから，犯人に対し，何らの強制力を用いるものではなく，特定の受忍義務を課すものでもないから，任意捜査の一類型と解される。したがって，「特別の定」（刑訴197条1項）がなくとも実施が可能である。

また、コントロールド・デリバリーは、現に犯罪が行われているとき、犯人を泳がせてその犯罪に関与する者を特定する捜査手法であり、捜査機関が自ら又は他人を使って第三者に犯罪を行わせるように働きかけ、当該第三者が犯罪に及んだときにこれを検挙する、いわゆる「おとり捜査」とは異なるものである。

3 入管法・関税法との関係

ところで、我が国は、規制薬物についてその輸出入を厳しく規制しており、覚せい剤取締法のほか、麻薬及び向精神薬取締法、あへん法、大麻取締法において規制薬物の不法な輸出入を処罰し、出入国管理及び難民認定法では、規制薬物等を不法に所持する外国人についてはその上陸を禁止し（同法5条1項6号）、また関税法では、規制薬物等を輸入してはならない貨物としている（同法69条の11第1項1号）。

このため、規制薬物の輸出入に係る犯罪についてこのコントロールド・デリバリーを実施しようとすると、クリーン・コントロールド・デリバリーによる場合は格別、ライブ・コントロールド・デリバリーによる場合は、出入国管理及び難民認定法、関税法に抵触し、担当職員の行政責任の問題が生ずるおそれが出てくる。

そこで、麻薬特例法では、薬物犯罪の捜査に関し、ライブ・コントロールド・デリバリーの実施が必要な場合には、入国審査官が規制薬物を不法に所持する外国人の上陸を許可すること、税関長が我が国への規制薬物の不法な持込み又は持出しを許可することを可能とするための出入国管理及び難民認定法・関税法の特例を定めて、規制薬物の輸出入に係る犯罪の捜査についてライブ・コントロールド・デリバリーの実施を可能としている（同法3条、4条）。

4 外国捜査機関が関与した場合の証拠能力

関連する問題として、外国の捜査機関が当該外国において、おとり捜査的

手法を用いた覚醒剤の密輸入事件において，当該覚醒剤が日本で押収された場合における証拠能力をいかに考えるかという問題がある。

この点について，東京高判平29・9・21（未登載）は，「タイ警察のタイ国内における捜査は，タイの法律に基づいて行われたものであり，日本の法令が適用されないから，日本の法令上合法か否かという問題は生じず，本件覚せい剤等が，違法収集証拠に該当してその証拠能力が否定されるという問題は生じない。

もっとも，外国で行われた捜査が，日本国憲法及び刑訴法の基本理念である適正手続に著しく反し，それに由来する証拠を証拠として許容することが正義の観念に反するといえる場合には，その証拠の証拠能力を否定する場合もあると考えられる。」と判示しており（その上で，本件事案においては結論として証拠能力を肯定した），実務上参考となる。

96 覚醒剤を押収できなかった場合の立証方法（その１）

> 覚醒剤犯罪を捜査したが，覚醒剤を押収することができなかった場合に，当該違反物件が覚醒剤であったことを立証する方法があるか。

〔関係条文〕 覚せい剤14条，17条，19条

1 「物なし事件」の立証

覚醒剤犯罪は組織的に行われる場合が多く，また，違反者の大半は覚醒剤犯罪を反復累行しているため，この種事犯の捜査では，覚醒剤の押収に成功しても，それは全犯罪事実の一部を裏付けるにすぎない場合や，捜査官が昼夜をいとわず努力を重ねても覚醒剤を全く押収できなかったといったケースが少なくない。

このようなケースにおいて，覚醒剤の裏付けのない犯罪事実をどのように立証し，起訴し，有罪判決を獲得するかという問題がある。

いわゆる「物なし事件」の立証に関する問題がこれである。

2 合理的な証拠による立証

　刑訴法上の立証は，当該対象物件が覚醒剤であることについて合理的な疑いを入れる余地がない程度になせば足りるのであるから，覚醒剤であるからといって，常に科学的な鑑定によってしか立証できないというものではなく，合理的な証拠による限り，どんな方法によって立証しても差し支えない。

　判例は「本件のような薬品が取締の対象となる成分をもっているかどうかは原則として専門の鑑定によって定めるのを相当とするけれども，覚せい剤のように常に多数の違反者が相次いで検挙され，法のきびしい取締に服している薬剤は，これに関与する取締官憲並びに違反者の間においては，これを識別するに必しも専門の鑑定によらなければ不可能であり，あるいは危険であるということはできない」（最判昭31・10・23裁判集刑事115・131，麻薬事犯に関して同旨のもの最判昭32・12・10裁判集刑事122・541参照）と判示して，これを明らかにしている。

3 覚醒剤であることの立証が問題となる場合

　覚醒剤であることの立証が問題となる場合として，犯罪事実の一部についてのみこれを裏付ける覚醒剤が存在するものから，犯罪事実全てについてこれを裏付ける覚醒剤が存在しないものに至るまで多種，多様な場合があり，その立証はこれらの具体的事例に対応して行わなければならない。

　そこで，問題の整理上，これらの事例のうち，実務及び裁判上問題となった事例を，
　(1)「犯罪事実の一部について，これを裏付ける覚醒剤を押収したが，その他の犯罪事実を裏付ける覚醒剤を押収できなかった場合」
　(2)「犯罪事実について，これを裏付ける覚醒剤を押収できなかったが，覚醒剤が存在したことを推認し得る科学的証拠が存する場合」
　(3)「犯罪事実について，これを裏付ける覚醒剤及びその存在を推認できる科学的証拠を押収できなかった場合」
の3つに分類し，これらの立証について，97・98・99において説明する。

97 覚醒剤を押収できなかった場合の立証方法（その2）

> 犯罪事実の一部についてこれを裏付ける覚醒剤を押収したが，その他の犯罪事実を裏付ける覚醒剤を押収できなかった場合に，覚醒剤であることの立証をどうするか。

〔関係条文〕覚せい剤14条，17条，19条

1 覚醒剤であることの認定方法

本問の典型的な事例としては，例えば，Aを覚醒剤の所持事犯で検挙し（A所持の覚醒剤は押収），その入手先を追及すると，それはBから入手したもので，以前から多数回にわたって譲り受けていた旨供述し，さらにBを調べるとAと一致する供述が得られ，しかも同一の仕入れ先から覚醒剤を入手していたことが判明したが，A・B間の譲渡・譲受物件が覚醒剤であることを裏付けるものは，Aを検挙した際に押収した覚醒剤だけというような場合であろう。このような事案については，実務上は，譲渡人B，所持者（譲受人）A等関係人の供述や，取引の対象となった覚醒剤と同一の内容のものであると認められる，押収された覚醒剤に関する鑑定結果等により，全取引薬物が覚醒剤であると認定する方法がとられている。

2 判例に見る認定方法

判例にも，①中間卸のBを通じた製造者Cからの数回にわたる覚醒剤2cc入りアンプル合計1万4,300本の譲受事件で，押収された同アンプル13本が最後に譲り受けたものである場合につき，Bの「自分はCが覚せい剤を製造していたので，Cから勧められ，覚せい剤の中間卸をやっており，自分はCが製造した覚せい剤2cc入りアンプル1本につき，4円50銭で被告人に売っていた」旨の供述，被告人の「自分はBから覚せい剤2cc入りアンプル合計1万4,300本を譲り受けたが，本件について押収された2ccア

ンプル入り覚せい剤13本はBから最後に買い受けた分であって，それまで同人から買い受けたものはそれと同様のものであった」旨の供述と，押収されたアンプル入り注射液が覚醒剤である旨の鑑定によって，合計1万4,300本を覚醒剤と認定した事例（広島高判昭29・4・28広島速報29・2・17）や，②同一の仕入れ先から数回にわたって覚醒剤を譲り受け，あるいは譲り受けた覚醒剤を所持していた事件で，その一部については覚醒剤が存在しているが，残りについては覚醒剤が存在していないケースについて，「各譲渡物件につき……被告人及び各関係譲受人の供述には，……譲渡物件は『ヒロポン注射液』であったとなっていて，（これが）覚せい剤取締法で取締の対象としている覚せい剤で，フェニルメチルアミノプロパンを含有する製剤を指すものなることは経験則の教えるところで……鑑定の結果もフェニルメチルアミノプロパン含有の製剤たる……譲渡又は所持の物件と同様，すべて一宮市のAなる同一人から譲受けたものであることが窺はれる」として，覚せい剤であると認定している（名古屋高判昭30・4・28高裁特2・10・445）。

3　「物なし事件」における捜査

なお，この種事犯で捜査上留意すべきことは，前記各判例でも明らかなように，覚醒剤の存在しない取引もそれが存在する取引も，ともに共通の仕入れ先，製造先から流れているなど同一の覚醒剤を取引していることが証拠上明白に認められることが前提となっていることである。

したがって，本問のような態様の物なし事件については，これらの点を明らかにするための捜査が先決である。

98　覚醒剤を押収できなかった場合の立証方法（その3）

> 犯罪事実についてこれを裏付ける覚醒剤は存在しないが，覚醒剤が存在したことを推認させる科学的証拠が存在する場合に，覚醒剤であることを立証するにはどうするか。

〔関係条文〕覚せい剤14条,17条,19条

1 覚醒剤が存在しない場合の認定方法

　設問のような事例としては,覚醒剤の譲渡事犯等で,覚醒剤を処分してしまったため存在しないが,覚醒剤を入れていた薬封筒あるいは薬包紙が押収され,これらに覚醒剤粉末が付着している場合(極微量のため,それ自体犯罪として問擬できない場合)や,覚醒剤使用事犯で,覚醒剤は注射してしまったため存在しないが,注射に用いた注射器から覚醒剤の反応が顕出された場合及び注射後排出された尿から覚醒剤の反応が顕出された場合等である。

　実務上,このような場合には,薬封筒,薬包紙に付着している微量の覚醒剤粉末,注射器,尿からの覚醒剤反応をもとに,それぞれ所持者,使用者の処分前の覚醒剤の所持,使用を認定している。

2 参考事例

　このような認定を肯定した判例としては,
(1) ヘロイン25gの所持事案について,「被告人が所持した麻薬の数量が約25gであったという点については,被告人の自白以外にこれを補強すべき証拠がない……被告人の自白によれば,押収の茶封筒は,被告人がAから麻薬25g位を4万円で買受けた際これを入れてあったもので,毎日煙草につけて吸ったり注射したりして……使ってしまい,その残りがその封筒に少しついていたのであるというのであり,……鑑定書によれば……その中からジアセチルモルヒネ……の反応を検出したというのであるから,これらの証拠は……被告人の自白(麻薬25gの所持)の補強証拠とすることができる」(東京高判昭31・2・22東高時報7・2・63)。
(2) 麻薬所持事案について,「証人Aの供述により,同被告人の尿についてジアセチルモルヒネ及びモルヒネの反応が陽性であったことによって,被告人が最近において麻薬を使用していたことを認め得られるか

ら，この事実も，やはり同被告人の麻薬所持の事案を間接に推認させる資料たるを失わない」（大阪高判昭32・5・17大阪速報昭32・5）等としたものがあるほか，証拠物としては，覚醒剤が付着した空パケ等が発見されるにとどまった事案につき，共犯者等の供述に基づいて，70g余りの覚醒剤の営利目的所持の成立を認めた事例（大阪地判平2・2・15判タ751・222）がある。

3 捜査上の留意点

したがって，覚醒剤を押収できなかった事犯の捜査に当たっては，まず違反者の自供を得るように努めるとともに，適切な時期に押収捜索を実施し，覚醒剤が存在したことを間接的に裏付ける物（例えば，覚醒剤を入れておく容器である薬瓶，茶封筒，ビニール袋，覚醒剤の小分けに使用する秤(はかり)，はさみ，スプーン，ピンセット，小分け用ビニール袋，銀紙，使用に用いる注射器等）を押収することを心がけるべきである。なお，このような物について，違反者が自分の物ではなく他人の物であるとの主張をする場合が多いから，これらの押収物については，指紋を採取する等の必要がある。

99 覚醒剤を押収できなかった場合の立証方法（その4）

> 犯罪事実についてこれを裏付ける覚醒剤及びその存在を推認させる科学的証拠を押収できなかった場合に，覚醒剤であることの立証をどうするか。

〔関係条文〕覚せい剤14条，17条，19条

1 覚醒剤であることの立証方法

最近の覚醒剤犯罪は，ますます隠密化，巧妙化し，被疑者の否認ないし黙秘戦術等によってその捜査が一層困難なものとなっている。

実際の捜査に際して問のような事例も少なくなく，このような場合，当該犯罪の対象となった物が覚醒剤であったことをどのようにして立証するのか，換言すればどのような捜査をすべきかが問題となる。一般的には，覚醒剤であるからといって常に科学的な鑑定によってしか立証できないというものではなく，合理的な証拠による限り，どんな方法によって立証しても差し支えないと解される（最判昭31・10・23裁判集刑事115・131，最判昭32・12・10裁判集刑事122・541参照）が，問題は具体的立証方法をどうするかということである。

2 具体的立証方法

具体的事例としては，次のようなものがあり，参考となる。

(1) 「薬品会社の社長である被告人が，A，Bに対して覚醒剤を譲り渡した事案において，被告人の覚醒剤であることはちょっと品物を見れば分かるとの供述，薬品ブローカーAの，被告人から買い受けた品物は今までの経験からも覚醒剤に相違ないという趣旨の供述，Bの，2月5日から28日頃までの間3回にわたって被告人から覚醒剤を買い受けた趣旨の供述を証拠として，取引の客体を覚醒剤と認定した事例（前掲最判昭31・10・23）」

(2) 「覚醒剤譲渡事案において，譲渡人である被告人と譲受人の「覚醒剤」を取引した旨の供述や，被告人の取引に供した薬品は白色の結晶体で苦味を帯びていた旨の供述により覚醒剤と認定した事例（大阪高判昭30・4・19刑集10・1・62，上告審判決は，最決昭31・1・12刑集10・1・43）」

(3) 「覚醒剤譲渡事案において，被告人自身がヒロポン注射の経験があり，各譲渡はいずれもヒロポンであるとの認識をもって行われたことと，譲受人及び仲介者の，そのうちの一部を注射使用して覚醒剤としての効き目があった旨の供述によって覚醒剤と認定した事例（東京高判昭30・9・21東京速報585）」

3 認定の要件

　これらの具体的事例を整理すると，第1に，(1)は薬品の専門家，(2)(3)は覚醒剤の使用経験者といったように，覚醒剤に関する知識を相当程度有していると客観的に認められる者自らが，検査，見分，使用結果に基づいて覚醒剤と判断した事情を詳細に供述しており，しかもこの供述自体が十分合理性を有すると認められること，第2に，右の関係人（当該覚醒剤の取引に関与した者）全員が取引の対象物は覚醒剤であったと認めていること，第3に，当該対象物件が覚醒剤以外の薬物であった可能性を疑わせる事情が全く存在しないこと等が指摘できる。

　ただ，覚醒剤犯罪捜査の常道としては，やはり覚醒剤及び関係証拠の押収に全力を尽くすべきである。なお，覚醒剤であることを明らかにできなくても麻薬特例法によって処罰し得る場合があることは⑬参照。

100　覚醒剤であることの認識を有していたことの立証

> 被疑者が覚醒剤であることを知らなかったと弁解することがあるが，このような場合どのような捜査をすべきか。

〔関係条文〕刑38条，覚せい剤13条，14条

1　覚醒剤犯罪と故意

　覚醒剤犯罪は故意犯であるから，故意のない場合は処罰されない。

　すなわち，覚醒剤であることを知って（認識して）本法によって禁止されている行為を行った場合にだけ処罰される（大阪高判昭30・10・10高裁特2・10・1041）。したがって，覚醒剤犯罪の捜査において，被疑者が処罰を免れるために，覚醒剤を所持等していながら，実は覚醒剤とは知らなかった，つまり故意がなかった旨の主張をする場合がある。

　まず，このような弁解に対しては，当該行為が行われた周辺の客観的事

実，例えば，捜査官の姿を見て顔色を変えて逃げ出すような不自然な態度をとる，通関検査の際に他の物品と区別して殊更発見されないような方法で隠匿していた，といった事実を指摘して被疑者を追及し，自供を得ることもあるが，中には被疑者が頑強に弁解を変えない場合がある。

このような事案に対しては，その弁解を覆すに必要な間接事実を可能な限り収集して，被疑者が覚醒剤であることを知っていたことを立証する必要がある。

2 弁解を覆した事例

具体的事例を見ると，密輸入事犯について，被告人は，
(1) 「韓国定期貨物船船員として20回以上日韓間を往復していること」
(2) 「物品の運搬を依頼された際，日本では禁制品で正規の手続では輸入できないものであることを聞かされていること」
(3) 「下船の際，腹部，腰背部の肌に直接ガムテープで貼り付けていたこと」
(4) 「物品が粉末状のパサパサしたものであることを承知していたこと」
(5) 「月収約9万ウォンのところ，本件物品の運搬の報酬が30万ウォン（犯時約12万円）と約束されていたこと」

から，物品が覚醒剤であることを認識していたものと認定した事例（東京高判昭54・5・28東京速報2355）や，輸入対象品目の形状の認識，隠匿搬入の態様，韓国における船員教育の実情等から，覚醒剤であることの認識があったとした事例（仙台高判昭54・10・29判時973・137）がある。

3 証拠収集方法

したがって，実際の捜査に当たっては，被疑者が覚醒剤を取り扱うに至った経緯について被疑者，関係人の綿密な取調べ，犯行時の被疑者の行動，周囲の状況を詳細に分析した状況見分書の作成，覚醒剤との親和性を裏付ける被疑者の身分（覚醒剤密売暴力団関係者であるかどうかなど），経歴（覚醒剤事犯の前科，前歴の有無など）の調査を行うなど，被疑者が覚醒剤であることの

認識を有していたと合理的に認定できる資料の収集に努めることが肝要である。

101 覚醒剤の譲渡代金等の没収等

> 覚醒剤の譲渡代金等の没収等はどうなっているか。

〔関係条文〕麻薬特11条, 12条, 13条, 2条3項

1 必要的没収と必要的追徴

　いわゆる麻薬特例法の施行前は，覚醒剤の譲渡代金等は刑法の没収規定によって没収するほかなかったが，麻薬特例法では，覚醒剤等のいわゆる規制薬物の不正取引等に係るものについては，その没収対象財産を，有体物に限らず，債権等の無形財産を含む財産一般に拡大するとともに，これを基本的に必要的没収とし，没収できないときは必要的に追徴することとしている（同法11条, 13条）。

2 薬物犯罪収益の没収・追徴

　覚醒剤の不正取引等に係る財産のうち，必要的没収の対象となる財産は，①薬物犯罪収益，すなわち覚醒剤の輸入，輸出，製造，所持，譲渡し，譲受け又は周旋の各罪（これらの罪と刑法54条1項に規定する関係に立つ罪を含む）の犯罪行為により得た財産又は当該犯罪行為の報酬として得た財産（輸入，輸出及び製造の予備罪並びに資金等提供罪に係るものを除く）及び②薬物犯罪収益に由来する財産，すなわち薬物犯罪収益の保有又は処分に基づき得た財産の2つである。そして，これらの財産が没収できないときは，これを追徴しなければならない。

　薬物犯罪収益としては，覚醒剤の譲渡代金，輸入等の報酬として得た財産，

周旋の報酬として得た財産等がある。

また，薬物犯罪収益に由来する財産としては，薬物犯罪収益を銀行預金して得た利息，薬物犯罪収益で購入した貴金属等がある。薬物犯罪収益が他の財産に転換されても，それが特定され追跡可能なものは，薬物犯罪収益に由来する財産である。

3 任意的没収の対象

次に任意的没収の対象となる財産は，①覚醒剤の輸入，輸出又は製造の予備罪の犯罪行為により得た財産又は当該犯罪行為の報酬として得た財産及び②資金等提供罪に係る資金の2つである。

4 没収又は追徴に関する留意事項

必要的没収とされた財産について没収又は追徴の言渡しがないと，主文に影響を及ぼす法令適用の誤り（刑訴380条）となるので，捜査に際しては，没収すべき財産の有無，その額の確定をしておくことが肝要であるとともに，没収又は追徴の求刑に遺漏のないよう注意する必要がある。

また，犯罪行為の後裁判時までに没収の対象となるべき財産について混和が生じた場合，これまでは没収することができず追徴によるほかなかったが，麻薬特例法では，このような場合も，混和した財産の額又は数量の限度で，混和により生じた財産を没収することができるようになった（同法12条）。

したがって，犯人が覚醒剤の譲渡代金である現金100万円を他の現金300万円とともに金庫にしまった場合，その混和財産400万円のうち100万円を没収することができる。

5 没収・追徴の範囲

関連する問題として，麻薬特例法違反事案ではあるものの，薬物犯罪の幇

助犯から没収・追徴できる薬物犯罪収益等の範囲について，判例は，「幇助犯から没収・追徴できるのは，幇助行為により得た財産等に限られる」（最判平20・4・22刑集62・5・1528）と判示し，幇助したことを理由に正犯が得た薬物犯罪収益等を正犯と同様に幇助犯から没収・追徴することはできない旨を明確にしている。

102 担保物権が設定されている不動産等の没収

> 抵当権等の担保物権あるいは地上権等の制限物権が設定されている不動産，質権の設定されている債権等を没収することができるか。没収できるとしても，担保物権が実行されたりすると没収の実質的意味がなくなるのではないか。

〔関係条文〕麻薬特11条2項，13条，16条

1 第三者の財産の没収

抵当権，地上権等が設定されている不動産，あるいは質権が設定されている債権等を没収する場合は，第三者たる抵当権者，地上権者あるいは質権者の権利を剥奪する効果が生じるので，第三者が所有する物を没収する場合と同様，憲法29条及び31条の要請により，この者に対し告知，弁明の機会を与える必要があるところ，第三者所有物の没収に関しては，「刑事事件における第三者所有物の没収手続に関する応急措置法」でその手続が定められているものの，抵当権等が存するものの没収に関しては，抵当権者等に告知，弁明の機会を与えるための手続規定がなく，そのためこのような不動産等については没収することができなかった。

麻薬特例法では，抵当権等の第三者の権利が存する不動産等についても，その抵当権等を存続させて，又は存続させないでこれを没収することができるようにその手続の整備が行われた（同法16条）。

2 没収が相当でない場合

ところで，抵当権あるいは地上権が設定されている不動産，質権が設定されている債権について，これらの第三者の権利を存続させないで没収できる場合は格別，これらの権利を存続させて没収しなければならない場合は，抵当権あるいは質権が実行されその剰余金が見込まれないときは，没収した財産には，財産的価値がないことになり，このような財産を没収することは適当でないし，また，地上権等の第三者の権利が付着したままの財産等は国の管理に適さないこともある。

このような場合に，あくまでも当該財産を没収するとするのは不適当であるし，また，右のような場合以外にも，没収対象財産が犯人及び家族の生活の維持の上で特に重要である場合等には，薬物犯罪による利得の剥奪という麻薬特例法の没収の趣旨からすると，没収に代えて当該財産の価額に相当する金銭の納付を命じるのが相当なこともあり得る。

そこで，没収対象財産の性質，その使用の状況，当該財産に関する犯人以外の者の権利の有無その他の事情から，これを没収することが不相当な場合は，当該財産を没収しないことができ，その場合には当該財産の価額を追徴することとし（麻薬特11条2項，13条），没収から追徴への転換を認めている。

103 覚醒剤の運搬の用に供した車両等の没収

> 覚醒剤の運搬の用に供した車両等を没収することができるか。

〔関係条文〕刑19条1項2号，覚せい剤41条の8第2項

1 平成3年法改正以前

平成3年の改正前の覚せい剤取締法では，覚醒剤及び覚醒剤原料について

は刑法の没収規定の特例を設けて必要的没収の規定を置いていたが，それ以外の覚せい剤取締法違反の罪の犯罪行為の組成物件，供用物件等の没収については特別の規定を置いておらず，これらについては刑法の没収規定によっていた。

そのため，覚醒剤の運搬の用に供した車両については，例えば当該車両のトランク等に覚醒剤を隠匿して積載し移動していた場合には，車両そのものを覚醒剤の所持の用に供したものと認定して刑法19条1項2号の規定により没収することが可能なこともあり得るが，単に，覚醒剤を身につけて譲渡先まで自動車を運転していったような場合は，当該車両を覚醒剤の所持の用に供したとまで認めることは困難であり，したがってこれを没収することはできない場合が多かったと考えられる。

2　平成3年法改正以後

改正後の覚せい剤取締法では，このように覚せい剤取締法違反の罪に当たる行為に供された車両等であって，従前の没収に関する規定の下ではその没収ができないものの，なおこれを没収するのが相当と考えられるものもあるところから，一定の罪の実行に関し，覚醒剤の運搬の用に供された艦船，航空機又は車両を没収することができることとされた（法41条の8第2項）。

3　没収の前提となる罪

これらの没収の前提となる罪は，覚醒剤の輸入，輸出，製造，譲渡し，譲受け及び所持の各罪とその未遂罪並びに覚醒剤の輸入，輸出及び製造に係る予備罪である。

覚醒剤原料に係る罪については，その運搬の用に供した車両等の没収に関する規定は設けられていないことに注意を要する。

4　没収の対象車両等

　没収の対象となる車両等は，上記各犯罪の「実行に関し」，覚醒剤の運搬の用に供した艦船，航空機，車両である。

　したがって，例えば，覚醒剤を譲り渡した際，覚醒剤を身につけて譲渡先まで自動車を運転していった場合の当該自動車，また，覚醒剤を輸出した際，その覚醒剤を船舶又は航空機に積み込むため港又は空港まで運搬した自動車は，いずれも，それぞれ覚醒剤の譲渡罪，輸出罪の実行に関し，覚醒剤の運搬の用に供した車両として没収することができる。

5　必要的没収としない理由

　覚醒剤又は覚醒剤原料の没収（法41条の8第1項）と異なり，これらの車両等について必要的没収としなかったのは，極めて少量の覚醒剤を艦船，航空機等で運搬したような場合，その艦船，航空機を没収することが苛酷な刑罰にわたることがあり得るためである。

〈編著者紹介〉

　　内　藤　惣一郎　　　最高検察庁 JPEC 班長検事
　　白　井　美　果　　　東京地方検察庁検事
　　奥　村　寿　行　　　東京地方検察庁検事

覚せい剤犯罪捜査実務ハンドブック

平成30年9月10日　第1刷発行
令和4年4月10日　第4刷発行

　　　　　　　　　編著者　内　藤　惣一郎
　　　　　　　　　　　　　白　井　美　果
　　　　　　　　　　　　　奥　村　寿　行
　　　　　　　　　発行者　橘　　　茂　雄
　　　　　　　　　発行所　立　花　書　房
　　　　　　　　　東京都千代田区神田小川町3-28-2
　　　　　　　　　電　話　03-3291-1566（代表）
　　　　　　　　　FAX　03-3233-2871
　　　　　　　　　https://www.tachibanashobo.co.jp

©2018 Soichirou Naito　Mika Shirai　Toshiyuki Okumura　　印刷/倉敷印刷　製本/和光堂
　　　　乱丁・落丁の際は本社でお取り替えいたします。

現場警察官に求められる瞬時の判断力が身に付く！

立花書房 好評書

適法・違法捜査ハンドブック

捜査現場において、執行務の適法性判断に迷う警察官に送る最良の一冊。

現行犯逮捕における実力行使、任意捜査の限界、令状による捜査の限界 など、現場で生じる疑問について、適法事例・違法事例を踏まえて、分かりやすく解説。

サイバー犯罪関連の問題にも詳しく言及！

「リモートアクセスに係る差押えをするには？」
「電磁的記録を差し押さえるには？」
「差し押さえたパソコンやスマホの解析は？」などの留意点に言及し、現場捜査能力の向上に資する！

刑訴法、警職法、通信傍受法など、幅広く適正な執行務のポイントを把握！

刑訴法上の任意・強制捜査に加え、警職法上の行為（職務質問／所持品検査／保護／避難等の措置／犯罪の予防及び制止／立入／武器の使用）に関する問題を網羅！　通信傍受法の改正にも対応。

判例索引付き

【監修】弁護士、元大阪高等検察庁検事長　伊丹　俊彦

【著者】
札幌高等検察庁検事　倉持　俊宏
日本司法支援センター本部業務部副長・検事　細川　充
厚生労働省法務担当参事官・検事　山口　貴亮
法務省刑事局公安課参事官　山口修一郎
東京地方検察庁検事　栗木　傑
法務省法務総合研究所教官・検事　渡邊真知子
宇都宮地方検察庁検事　三尾有加子

A5判・並製・432頁（送料：300円）
定価（本体2400円＋税）